1000 SPANNENDE FUSSBALL FAKTEN!

Cooles Allgemeinwissen für Fußballfans.

DANIEL KICKER

Impressum:

1000
SPANNENDE
FUSSBALL
FAKTEN!

Cooles Allgemeinwissen für Fussballfans.

Covergestaltung: germancreative von Fiverr
Buchsatz und Layout: saqib_arshad von Fiverr

Dalmata Invest s.r.o.
Stefanikova 7
SK-81106 Bratislava
Dawa.office@gmx.net
DIC: SK2023309090

Especially for Nastya and all Ukrainians - we stand with you!

Inhaltsverzeichnis

Vorwort

Könnte für dich auch jeder Tag "Matchday" sein?

Fieberst du auch jedes Wochenende auf das Spiel deiner Mannschaft hin?

Wenn dir die Sommer- und Winterpause auch immer VIEL zu lange vorkommt, dann bist du vermutlich, genau wie wir, ein absoluter Fußballverrückter und wirst mit diesem Buch garantiert Freude haben!

In diesem Buch erfährst du Geschichten, von denen du vermutlich noch nie gehört hast und entdeckst Fakten, mit denen du beim kommenden Stammtisch sicherlich jeden deiner Freunde verblüffen wirst!

Wußtest du beispielsweise, dass seit 1896 ein Fußballfeld in Deutschland baumfrei sein muss? Oder dass Papst Franziskus bekennender Anhänger eines argentinischen Fußballvereins ist?

Auf den nachfolgenden Seiten findest du Fußballgeschichten, die aus einem Hollywood-Film stammen könnten, witzige Fakten und Anekdoten, die jeder Fußballfan wissen sollte, skurrile Verletzungen, die peinlichsten Skandale und vieles, vieles mehr!

Werde mit uns zum wahren Fußballexperten und beeindrucke deine Freunde mit interessanten Fakten und deinem neu erlernten Wissen rund um den schönsten Sport der Welt!

Verrückt, spannendes aus der Welt des Fußballs

Fußball ist die beliebteste Sportart auf der Welt mit Fans rund um den Globus. Es ist deshalb kein Wunder, dass wir so viele interessante Fakten über Fußball gefunden haben, die wir einfach mit euch teilen müssen.

Hast Du jemals davon gehört, dass ein verlorenes Fußballspiel einen ganzen Krieg ausgelöst hat oder warum die Italiener ihre Fans als „Tifosi" bezeichnen? NEIN??? Wir erklären euch all diese Fakten und noch vieles mehr.

Der Fußball ist nicht nur die schönste Nebensache der Welt, sondern hat auch einige völlig verrückte und kuriose Fakten zu liefern. Kostprobe gefällig?

Verblüffende Fakten rund um den Globus

- Das beste Frauen-Fußballteam der Schweiz heißt Young Boys.
- Bayer Leverkusen wird in Spanien "Las Aspirinas" und in England "Neverkusen" genannt.
- Indien trat 1950 trotz erfolgreicher Quali nicht bei der WM-Endrunde an, weil es ihnen untersagt wurde, barfuß zu spielen.
- Verkehrte Welt bei den Stadtwappen: Die offiziellen Farben Dortmunds sind rot-weiß, die von München sind schwarz-gold.
- Im Ersten Weltkrieg, an Weihnachten 1915, schlossen die Briten und die Deutschen einen kurzfristigen Waffenstillstand. Die

Männer übergaben sich Geschenke und spielten Fußball. Das Spiel verbündet Nationen auch in schwierigen Zeiten.

- Star-Trainer José Mourinho blieb mit seinen Teams zwischen 2002 und 2011 150 Liga-Heimspiele in Folge ungeschlagen.
- Die deutsche Bundesliga-Meisterschale hat einen reinen Materialwert von rund 25.000€.
- Spieler aus südlichen Ländern wie dem Iran, Angola oder südamerikanischen Staaten lassen sich Künstlernamen auf ihr Trikot flocken. Das liegt daran, dass ihre realen Namen schlicht zu lang sind. Auch in der Bundesliga tritt dieses Phänomen des öfteren auf.
- Verrücktes zu Cristiano Ronaldo. Fällt ihm, oder seinem kongenialen Partner Lionel Messi, ein 2 Euro Stück aus der Hand, würde es für sie nicht lohnen, die Münze aufzuheben. Denn den eben verlorenen Wert haben sie innerhalb von 3 Sekunden wieder verdient.
- Real Madrid ist der einzige Verein, der ganze 8 Jahre und 8 Tage am Stück zuhause nicht verloren hat. Erst der FC Barcelona konnte diese bis heute einmalige Serie mit einem 2:1 Sieg beenden.
- Der schlechteste Klub der Welt! "Pior Time do Mundo" prangt von den Trikots des Ibis Sport Club, zu deutsch "schlechteste Mannschaft der Welt". 3550 Gegentreffer (49,30 pro Jahr) sind dafür ein beinahe so schlagkräftiges Argument, wie die sagenhaften 62 eigenen Tore. Macht in der 70-jährigen Vereinsgeschichte 0,89 Tore pro Jahr.
- Der ältester Fußballspieler, Tércio Mariano de Rezende, Jahrgang 1921, lief mit 88 Jahren noch regelmäßig in der regionalen brasilianischen Meisterschaft als rechter Verteidiger für Goiandira Esporte Clube auf.

- Verrückte Rückennummer! Iván Luis Zamorano Zamora, chilenischer Nationalstürmer und für seine Kopfballstärke bekannt, musste 1997 bei Inter Mailand seine Trikotnummer 9 an den brasilianischen Superstar Ronaldo abtreten. Aus Protest lief er mit der Nummer 18 auf und klebte sich ein Pluszeichen zwischen die Ziffern.

- Endstand 0,5 : 0 Dieses kuriose Ergebnis soll sich wie folgt zugetragen haben: Während eines Fußballspiels in den 1940er Jahren im brasilianischen Bundesstaat Paraíba platze der Ball ausgerechnet beim Elfmeter. Die Luftblase des Balls flog ins Tor, die Lederhülle am Tor vorbei. Der arme Schiedsrichter entschied sich für ein halbes Tor. Da kein weiterer Treffer mehr fiel, blieb es bei dem Spielstand 0,5 : 0.

- Josip Simunic sah im WM-Vorrundenspiel 2006 Kroatien gegen Australien drei Gelbe Karten. Schiedsrichter Graham Poll erklärte später, er habe aufgrund von Simunics australischem Akzent (Simunic ist in Australien geboren) die zweite Gelbe Karte einem australischen Spieler zugeordnet.

- Das Rungrado 1st of May Stadium in Pjöngjang, Nordkorea, ist das größte Fußballstadion der Welt mit einer Kapazität von bis zu 150.000 Menschen.

- Nur acht Länder haben bisher die Fußballweltmeisterschaft gewonnen.

- Die Fußball WM 2022 wird ihr Eröffnungsspiel in Lusail (Katar) haben – eine Stadt, die bis vor Kurzem noch nicht einmal existierte.

- Der so genannte „Fußballkrieg" oder auch als „100-Stunden-Krieg" bekannt, war ein kurzer Krieg zwischen El Salvador und Honduras im Jahr 1969. Der Name beruht auf der Tatsache, dass der Krieg begonnen wurde, nachdem El Salvador ein Fußballspiel gegen Honduras während eines WM-Qualifikationsspiels in Mexiko verloren hatte, was zu Unruhen und Todesopfern auf beiden Seiten führte.

- Sherlock-Holmes-Autor Sir Arthur Conan Doyle war einer der Gründer und der erste Torhüter des Fußballklubs Portsmouth FC.
- Der brasilianische Fußballspieler Pelé hält den Rekord für den jüngsten Torschützen, jüngsten Hattrick-Torschützen und jüngsten Hattrick-Torschützen in einem WM-Endspiel. All diese Rekorde erreichte er im Alter von 17 Jahren während der Weltmeisterschaft 1958.
- Der Rekord für die meisten Tore, die von einer Mannschaft in einem Spiel bei einer Fußball-Weltmeisterschaft erzielt wurden, beträgt 10. Dies geschah während der Weltmeisterschaft 1982 in Spanien zwischen Ungarn und El Salvador.
- Die Mittellinie des Fußballstadions im brasilianischen Macapá liegt exakt auf der Äquatorlinie, sodass sich die konkurrierenden Teams bei einem Spiel jeweils immer auf unterschiedlichen Hemisphären befinden.
- Der Fußballspieler Lee Todd erhielt die schnellste Rote Karte der Fußballgeschichte. Nach dem Anpfiff zum Spielbeginn kommentierte er „F**k dich, das war laut", was nach nur zwei Sekunden zu einer Roten Karte führte.
- Der Fußballspieler Cristiano Ronaldo eröffnete 2013 ein Museum, das sich nur mit ihm selbst beschäftigt.
- Der italienische Begriff „Tifosi" bezeichnet eine Gruppe von extremen Anhängern einer Sportmannschaft. Er bedeutet wörtlich „Typhus-Infizierte", denn der Fanatismus der Fans gleicht einem Fieber.
- Während der Fußball-Weltmeisterschaft 2002 schoss der Südkoreaner Ahn Jung-hwan gegen Italien ein Tor in der Nachspielzeit und warf die Italiener damit aus der Weltmeisterschaft. Am nächsten Tag wurde sein Vertrag bei

seinem italienischen Stammverein gekündigt, da der Eigentümer meinte, er könne nicht denjenigen Spieler bezahlen, der den italienischen Fußball ruiniert hat.

- Es wird geschätzt, dass 55 Prozent aller Fußbälle in Pakistan produziert werden.
- Erst drei Jahre nachdem die ersten Fußballregeln festgelegt wurden, wurde das Handspiel verboten.
- Die einzigen olympischen Goldmedaillen, die Uruguay je gewonnen hat, sind für Fußball bei den Olympischen Spielen 1924 und 1928.
- Die 20 reichsten Fußballvereine der Welt kommen alle aus Europa.
- Das Wort „Soccer" entstand als Abkürzung des englischen Wortes „Association" und wird dem englischen Fußballspieler Charles Wreford-Brown aus dem späten neunzehnten Jahrhundert zugeschrieben.
- Fußball wurde in China bereits vor 2.200 Jahren erfunden. Das Spiel hieß ursprünglich „Tsu Chu", was „Tretball" bedeutet.
- Die FIFA hat derzeit 211 Mitgliedsstaaten, während die UNO nur 203 Länder auf der Welt anerkennt.
- Der Vatikan hat seine eigene Fußballmannschaft, ist aber kein Mitglied der FIFA.
- Das schnellste Tor der Fußballgeschichte wurde 2017 nur 2,1 Sekunden nach dem Anpfiff erzielt.
- Der offizielle Spitzname der australischen Fußballnationalmannschaft lautet "the Socceroos".
- Die Entscheidung eines Schiedsrichters in einem Fußballspiel zwischen Peru und Argentinien im Jahr 1964 führte zu einem Aufstand, bei dem 300 Fans getötet wurden.
- Seit 1896 gilt, dass ein Fußballfeld in Deutschland baumfrei sein muss.

- Als Deutschland die Fußballweltmeisterschaft 2014 in Brasilien gewann, war es das erste Mal, dass es dies als vereintes Land schaffte. Bei den drei vorherigen Siegen wurde die Fußballweltmeisterschaft nur von Westdeutschland gewonnen.
- Das erste im Fernsehen übertragene Fußballspiel fand am 16. September 1937 statt und war ein Freundschaftsspiel zwischen Arsenal London und der Arsenal London Reserve. Darauf folgte die Übertragung des Länderspiels zwischen England und Schottland am 9. April 1938.
- Der brasilianische Fußballer Ronaldinho erregte im Alter von 13 Jahren die Aufmerksamkeit der Medien, als er beim 23:0-Sieg gegen eine lokale Mannschaft alle 23 Tore erzielte.
- Im Durchschnitt legen Fußballspieler in einem einzigen Spiel rund 11 Kilometer zurück.
- Zehn Prozent der Einwohner Islands reisten nach Frankreich, als die isländische Fußballmannschaft das Viertelfinale der Europameisterschaft 2016 in Frankreich erreichte.
- Arthur Wharton gilt als der erste schwarze Profi-Fußballer der Welt.
- Tatsächlich passiert! 2005 spielte erstmals in der Geschichte des Fußballs ein Spieler ein Spiel mit einer elektronischen Fußfessel. Jermaine Pennant stand 2005 beim Birmingham City F.C. unter Vertrag und trug im Spiel gegen den Tottenham Hotspure F.C. eine Fußfessel. Im März 2005 war er für einige Monate wegen Trunkenheit am Steuer ins Gefängnis gekommen. Am Spieltag gegen Tottenham bekam er Ausgang und durfte das Spiel mit einer elektrischen Fußfessel bestreiten. Das Spiel ging 1:1 unentschieden aus.
- Die Engländer sind die Mitbegründer des Fußballs. England gilt als Mutterland des Fußballs. Grund dafür ist die im Jahr 1866 in England gegründete Football Association (FA). Sie ist ein

umfangreiches Regelwerk das zur Entwicklung des Fußballspiels, wie wir es in heutiger Form kennen, beigetragen hat. Mit der Football Association grenzte sich das Fußballspiel eindeutig vom Rugby Football ab.

- In China gab es bereits im 3. Jahrhundert ein Fußballähnliches Spiel namens Cuju. Das Spiel wurde zu Beginn im Rahmen der militärischen Ausbildung gespielt. Im Laufe der Zeit wurde es auch im Volk bekannt und gespielt. Bis 600 n. Chr. scheint Cuju sogar Nationalsport gewesen zu sein. Danach geriet das Spiel wieder in Vergessenheit.

- Auch in der präkolumbischen Kultur gibt es Hinweise, auf Ballspiele, die Einfluss auf das heutige Fußballspiel vermuten lassen. Der Ball bestand aus Kautschuk und war mehrere Kilogramm schwer, über die Regeln ist nichts konkretes bekannt.

- Die rote Karte gibt es nicht seit Beginn des Fußballspiels in der heutigen Form. Sie wurde erstmals 1970 zur WM in Mexico eingeführt. In dieser WM wurde sie allerdings kein einziges mal gezückt. Die erste rote Karte erhielt Carlos Caszely aus Chile bei der WM 1974. Er erhielt sie im Spiel gegen Deutschland.

- Fußball zählt zu den beliebtesten Sportarten der Welt. Schätzungen zufolge spielen weltweit über 240 Millionen Menschen Fußball. Am weitesten ist Fußball in Costa Rica verbreitet. Hier spielen 27% der Bevölkerung Fußball. Allein in Deutschland spielen sechs Millionen Menschen in einem der 27.000 Fußball-Vereine. Vier Millionen Menschen kicken einfach nur zum Spaß.

- In der WM 1986 gab es tatsächlich ein Tor, dass durch ein Handspiel zustande kam. Im Viertelfinale 1986 erzielte der Stürmer Diego Maradona aus Argentinien im Spiel gegen England das 1:0 durch einen Handtreffer. Der Schiedsrichter sah das Handspiel nicht und erkannte das Tor an. Argentinien gewann das Spiel gegen England, mit diesem durch Handspiel zustande gekommenen Tor, mit 2:1.

- Jubeln kann schmerzhaft sein. Der Fußballer Thierry Henry (Arsenal London) freute sich 2000 nach seinem Siegtreffer gegen Chelsea so sehr, dass er zum Jubeln zur Eckfahne lief, die er sich dabei jedoch selbst ins Gesicht schlug. Es folgte die Behandlung vom Teamarzt. Paolo Diogo traf es noch schlimmer. Er verhakte sich beim freudigen Jubeln mit seinen Fans an der Tribune mit seinem Ehering im Zaun. Er verlor dabei seine halben Finger, der unglücklicherweise nicht mehr angenäht werden konnte. Zu allem Unglück sah er außerdem noch die gelbe Karte wegen "zu ausgiebigen Jubelns".
- Die kleinste Liga der Welt. Auf den britischen Scilly Island gibt es die kleinste Liga der Welt. Hier treten nur 2 Mannschaften gegeneinander an. Die Garrison Gunners und die Woolpack Wanderers spielen an 16 Spieltagen um den Sieg.
- In der Saison 1937/38 stieg Man City trotz eines positiven Torverhältnisses aus der Football League First Division ab (80:77 Tore).
- Der ehemalige französische Nationalspieler Rio Mavuba hat in seiner Geburtsurkunde "Auf Hoher See" als Geburtsort stehen - er wurde auf einem Boot in internationalen Gewässern geboren.
- In der Premier League hat noch nie ein englischer Trainer die Meisterschaft gewonnen.
- Die beste Saison von Luis Suarez (2015/16 mit 83 Scorerpunkten) ist nur um einen Scorerpunkt schlechter als die beste Saison von Cristiano Ronaldo (2014/15 mit 84 Scorerpunkten).
- Im Jahr 1927 gewann der schottische Club Motherwell die spanische Copa del Rey - im Finale gegen Real Madrid.
- Dundee United hat eine 100%-prozentige Siegquote gegen den FC Barcelona: 4 Spiele, 4 Siege!

- In der Saison 1992/93 gewann AC Milan die Serie A mit nur 36 erzielten Toren in 34 Spielen - Atalanta Bergamo und Udinese trafen nur einmal weniger und stiegen ab. (Wichtige Randnotiz: Milan kassierte auch nur 15 Treffer.)
- Leicester City hat in seiner Geschichte noch nie einen brasilianischen Spieler verpflichtet.
- Am 11. November 1987 absolvierte Mark Hughes am selben (!) Tag zwei Spiele für zwei verschiedene Teams: Erst ein EM-Quali-Spiel mit Wales gegen die Tschechoslowakei, danach ein Spiel für den FC Bayern gegen Borussia Mönchengladbach.
- Norwegen ist die einzige Nation, gegen die Brasilien bei einem Duell noch nie gewinnen konnte (2xUnentschieden, 2xNiederlage).
- Nicklas Bendtner hat genauso viele Serie-A-Titel wie Francesco Totti gewonnen, obwohl er nur neun Spiele in Italiens Serie-A bestritt.
- Bei der WM 2010 war Neuseeland die einzige Nation, die im Turnierverlauf ohne Niederlage blieb.
- Chelsea ist genauso oft abgestiegen, wie sie die Meisterschaft gewonnen haben (6x).
- Dejan Stankovic bestritt WMs für drei unterschiedliche Nationen: Jugoslawien, Serbien-Montenegro und Serbien.
- Zlatan Ibrahimovic hat für sechs verschiedene Clubs gespielt, die die Champions League gewonnen haben - er selbst hat den Titel aber nie gewonnen.
- Cristiano Ronaldo ist 869 Tage älter als Lionel Messi - Ronaldos Sohn ist ebenfalls 869 Tage älter als Messis Sohn.
- Theo Walcott hat mehr Champions-League-Treffer erzielt als Ronaldinho, Zinedine Zidane und Ronaldo (R9).
- Der Vater von Gary Neville heißt Neville Neville.

- Seit 1982 gab es in jedem WM-Finale mindestens einen Spieler vom FC Bayern auf dem Feld.
- Man United hat seit 85 (!) Jahren in jedem Pflichtspiel mindestens einen Spieler im Kader, der aus dem eigenen Nachwuchs stammt.
- In Halbfinalspielen der Champions League hat CR7 mehr Treffer erzielt als Messi, Suarez, Neymar und Ibrahimovic ZUSAMMEN.
- Fußballverbot! Fußballspielen war zu Beginn verboten. Da man unter Fußball früher ein wildes und brutales Durcheinander verstand, bei dem sich die Spieler oft schwer verletzten, war das Fußballspielen in den meisten Städten nicht gern gesehen und wurde sogar bestraft.
- Spiel ohne Regeln! Heute gibt es beim Fußball unzählige Regeln und Strafen. Aber ganz am Anfang war weder geklärt, wie groß das Spielfeld war oder wie lange ein Spiel dauerte, noch wie viele Spieler überhaupt in einer Mannschaft spielen. Nicht einmal zwischen Zuschauern und Spielern wurde unterschieden, weshalb am Ende oft hunderte Personen oder ganze Dörfer mitspielten. In Deutschland wurden 1874 die ersten Regeln festgelegt.

Fakten rund um die EM

Auf den kommenden Seiten wollen wir euch spannende und zugleich verblüffende Fakten zur Fußball-EM näher bringen. Angefangen vom ersten Turnier in Frankreich 1960, bis hin zur letzten Europameisterschaft 2021 in 11 verschiedenen Ländern Europas, die wegen der Corona-Pandemie von 2020 auf 2021 verschoben werden musste.

Sieger und Finalgegner der Europameisterschaften

JAHR	SIEGER	FINALGEGNER	ERGEBNIS
2021	Italien	England	3 : 2 n.E. (1 : 1)
2016	Portugal	Frankreich	1 : 0 n.V. (0 : 0)
2012	Spanien	Italien	4 : 0 (2 : 0)
2008	Spanien	Deutschland	0 : 1 (0 : 1)
2004	Griechenland	Portugal	0 : 1 (0 : 0)
2000	Frankreich	Italien	2 : 1 n.V. (1 : 1)
1996	Deutschland	Tschechien	2 : 1 n.V. (1 : 1)
1992	Dänemark	Deutschland	2 : 0 (1 : 0)
1988	Niederlande	Russland	2 : 0 (1 : 0)
1984	Frankreich	Spanien	2 : 0 (0 : 0)
1980	Deutschland	Belgien	2 : 1 (1 : 0)
1976	Tschechien	Deutschland	5 : 3 n.E. (2 : 2)
1972	Deutschland	Russland	3 : 0 (1 : 0)
1968	Italien	Serbien	2 : 0 (2 : 0)
1964	Spanien	Russland	2 : 1 (1 : 1)
1960	Russland	Serbien	2 : 1 n.V. (1 : 1)

Mit jeweils 3 Titeln dürfen sich Deutschland und Spanien Rekord-Europameister nennen. Mit 2 EM-Titeln teilen sich Frankreich und Italien den dritten Platz in der Rangliste.

Anders als bei Weltmeisterschaften, wo sich meist die Favoriten durchsetzen, gab es bei Europameisterschaften auch schon große Überraschungen. So gewann Dänemark überraschend das Turnier 1992 und Griechenland die EURO 2004 in Portugal.

Frankreich trat bei der EM 2016 zum dritten Mal als Gastgeber auf, zweimal fand eine EM Endrunde in Italien und Belgien statt. Dreimal konnte der Ausrichter auch gewinnen – 1964 siegte Spanien im eigenen Land, 1968 veranstaltete Italien das Turnier und krönte sich zum Europameister und 1984 hieß der Sieger und zugleich Gastgeber Frankreich.

2021 fand die Europameisterschaft zum ersten und womöglich auch letzten Mal in 11 verschiedenen Ländern gleichzeitig statt. Grund dafür war das 60-jährige Jubiläum im Jahr 2020, in welchem die EURO ja eigentlich hätte stattfinden sollen.

Die Rangliste der Fußball-Europameister

Deutschland	3
Spanien	3
Frankreich	2
Italien	2
Niederlande	1
Portugal	1
Dänemark	1
Griechenland	1
Russland	1
Tschechien	1

Historie der EUROPAMEISTERSCHAFT

EM 1960 in Frankreich

Teilnehmerzahl: 4 bei der Endrunde, 17 in der Qualifikation
Gastgeber der Endrunde: Frankreich
Gewinner: Sowjetunion
Finalist: Jugoslawien
Torschützenkönig: Galic, Jerkovic, Heutte, Iwanow, Ponedelnik (UDSSR)(jeweils 2 Tore)

Die Europameisterschaft 1960 war die erste EM in der Geschichte. Die Geburtsstunde des Turniers schlug allerdings bereits 1958. Damals war der Rhythmus noch anders als heutzutage: Die 17 Teams spielten von 1958 bis 1960 vier Teilnehmer für eine Endrunde aus, die dann vom 6. bis zum 10. Juli 1960 in Frankreich gegeneinander antraten.

Der gesamte Wettbewerb funktionierte nach einem KO-System mit Hin- und Rückspiel. Erst in der Runde der letzten Vier endeten dieses Verfahren und man beschränkte sich auf eine Partie. In einer Vorausscheidung mussten die Tschechoslowakei und Irland gegeneinander antreten, um die Teilnehmerzahl auf 16 zu reduzieren. Die Osteuropäer setzten sich durch. Sie verloren zwar das Hinspiel mit 0:2, revanchierten sich aber in der zweiten Partie und siegten mit 4:0.

EM 1964 in Spanien

Teilnehmerzahl: 4 bei der Endrunde, 29 in der Qualifikation
Gastgeber: Spanien
Gewinner: Spanien
Finalist: Sowjetunion
Torschützenkönig: Bene, Novak, Pereda (2 Tore)

Die EM 1964 wurde nach dem gleichen System wie die Premiere vier Jahre zuvor erspielt. Über zwei Jahre ermittelten die Teilnehmer im KO-System mit Hin- und Rückspiel vier Halbfinalisten, die zur Endrunde vom 17. bis zum 21. Juni 1964 in Spanien gegeneinander antraten. Auch hier kam das Knock Out-Verfahren zur Anwendung, allerdings wurde auf ein Rückspiel verzichtet.

Deutschland hatte als einziges Land kein Interesse

Die EM 1964 war der Beweis, dass sie sich die Idee durchsetzte. Von den damals 33 Verbänden der UEFA nahmen bereits 29 teil. Einzig Deutschland hatte dabei erneut aus reinem DesInteresse abgewunken. Für Bundestrainer Sepp Herberger war der Wettbewerb nach wie vor reine Zeitverschwendung.

Die anderen Länder, die nicht starteten, nahmen entweder aus politischen Gründen (Zypern, Schottland) oder wegen einer knappen Kasse (Finnland) nicht teil. Griechenland stieg zudem während des Turniers aus, weil es nicht in Albanien antreten wollte.

EM 1968 in Italien

Gastgeber: Italien
Teilnehmerzahl: 4 bei der Endrunde, 31 in der Qualifikation
Gewinner: Italien
Finalist: Jugoslawien
Torschützenkönig: Dragan Dzjalic (2 Tore)

Die dritte Europameisterschaft, die im Jahr 1968 ausgetragen wurde, war eigentlich die erste. Bislang spielte man offiziell um den Henrie-Delaunay Pokal, der nun von der UEFA als richtige EM anerkannt wurde. Die Regeln bleiben dabei unverändert: In einer Gruppenphase und dann im KO-System spielten die 31 Starter gegeneinander. Erst mit dem Halbfinale begann offiziell die Endrunde, die in Italien ausgetragen wurde.

EM 1972 in Belgien

Gastgeber: Belgien
Teilnehmerzahl: 4 bei der Endrunde, 32 in der Qualifikation
Gewinner: Deutschland
Finalist: Sowjetunion
Torschützenkönig: Gerd Müller (4 Tore)

Deutschland gewann 1954 völlig überraschend die Weltmeisterschaft in der Schweiz. Seit damals gehörte die DFB-Elf regelmäßig zu den Favoriten, scheiterte jedoch, wo immer sie auftrat, am Titelgewinn. 1972 änderte sich jedoch alles: Die zweite EM, an der Deutschland teilnahm, bestritt die DFB-Elf mit einer der besten, wenn nicht dem besten Team, welches jemals für Schwarz-Rot-Gold auflief.

Männer wie Franz Beckenbauer, Gerd Müller, Sepp Maier und Günther Netzer bildeten das Herz des Teams. Deutschland hatte keine Mühe, sich für die Endrunde in Belgien zu qualifizieren. Dort allerdings warteten gewichtige Gegner.

EM 1976 in Jugoslawien

Gastgeber: Jugoslawien
Teilnehmerzahl: 4 bei der Endrunde, 32 in der Qualifikation
Gewinner: Tschechoslowakei
Finalist: Deutschland
Torschützenkönig: Dieter Müller (4 Tore)

Deutschland galt als großer Favorit vor der EM 1976, schließlich hatte die DFB-Elf die letzte EM und die letzte WM gewonnen. Auch die DDR machte sich Hoffnungen, positiv überraschen zu können, musste diese allerdings alsbald wieder begraben.

Für das Halbfinale konnte sich einmal mehr nur der westliche Teilstaat qualifizieren, der dort gegen den Gastgeber antreten musste. In der anderen Partie trafen die Niederlande auf die Tschechoslowakei, die völlig überraschend den Titel gewinnen sollte. Die Endrunde der EM 1976 beschränkte sich wie die Turniere zuvor auf die Halbfinalspiele, die Partie um Platz drei und das Endspiel.

EM 1980 in Italien

Gastgeber: Italien
Teilnehmerzahl: 8
Gewinner: Deutschland
Finalist: Belgien
Torschützenkönig: Klaus Allofs (3 Tore)

Die Europameisterschaft 1980 wurde nach 1968 zum zweiten Mal in Italien ausgetragen. Sie war zugleich die Geburtsstunde des Modus, wie wir ihn bis heute kennen. Erstmals wurde eine Qualifikation gespielt, in der sich damals aber nur acht Teams durchsetzten. Diese wurden in zwei Gruppen eingeteilt.

Die Gewinner der Gruppen – und hier ist noch ein leichter Unterschied zu den aktuellen Regeln – qualifizierten sich für das Finale. Die

Gruppen-Zweiten spielten das Spiel um Platz drei. Die Endrunde umfasste 14 Spiele und war damit deutlich umfangreicher als bislang: Bis einschließlich 1976 wurden nur vier Partien in der tatsächlichen Endrunde gespielt. Das Halbfinale entfiel 1980, was schon damals große Kritik hervorrief.

EM 1984 in Frankreich

Gastgeber: Frankreich
Teilnehmerzahl: 8
Gewinner: Frankreich
Finalist: Spanien
Torschützenkönig: Michel Platini (9 Tore)

Ähnlich wie 1980 wurde auch die EM Endrunde 1984 mit acht Teams ausgetragen. Bei der UEFA war man allerdings bereit, sich der Kritik zu beugen, die vier Jahr zuvor aufgekommen war. Das Halbfinale wurde wieder eingeführt: Die Gruppensieger spielten gegen den Zweitplatzierten aus der anderen Gruppe. Gestrichen wurde hingegen das Spiel um Platz drei. Die Endrunde umfasste damit 15 Spiele. Erstmals in diesem Jahr gab es auch spezielle für das Event gefertigte EM Trikots.

EM 1988 in Deutschland

Gastgeber: Deutschland
Teilnehmerzahl: 8
Gewinner: Niederlande
Finalist: Sowjetunion
Torschützenkönig: Marco van Basten (5 Tore)

14 Jahre nach der Weltmeisterschaft 1974, die mit einem Finalerfolg des Gastgebers gegen die Niederlande endete, fand vom 10. bis 25. Juni 1988 mit der Europameisterschaft wieder ein großes Turnier in der damals noch von der DDR getrennten Bundesrepublik Deutschland

statt, die sich bei der Vergabe mit fünf von sechs Stimmen klar gegen die anderen Bewerber England sowie dem skandinavische Trio Norwegen, Schweden und Dänemark durchgesetzt hatte.

Anders als bei der WM 1974 gelang es der deutschen Mannschaft aber nicht, den Titel wieder im eigenen Land zu behalten. Stattdessen hatte das zweite große Turnier der Fußball-Geschichte auf deutschem Boden ein erfolgreiches Ende für die Niederlande, die ihren bis heute einzigen Titel holte.

EM 1992 in Schweden

Gastgeber: Schweden
Teilnehmerzahl: 8
Gewinner: Dänemark
Finalist: Deutschland
Torschützenkönig: Dennis Bergkamp, Tomas Brolin, Henrik Larsen, Karl-Heinz Riedle (jeweils 3 Tore)

Die Aussage von Franz Beckenbauer, die deutsche Nationalmannschaft würde nach dem Gewinn der WM 1990 in Italien auf Jahre hinaus unschlagbar sein, wenn nach der Wiedervereinigung auch noch die Spieler aus der ehemaligen DDR hinzukämen, war zwei Jahre später schon widerlegt. Bei der Europameisterschaft 1992 in Schweden schaffte es die deutsche Elf mit ehemaligen DDR-Auswahlspielern wie Matthias Sammer oder Thomas Doll zwar ins Endspiel, verlor aber gegen den Underdog Dänemark. Bis zum Triumph Griechenlands bei der EM 2004 war der Coup der Dänen die größte Sensation in der EM-Geschichte, der eigentlich gar nicht stattfinden hätte können.

Denn Dänemark war für die Endrunde, die letztmals mit nur acht Nationen ausgetragen wurde, gar nicht qualifiziert und rückte nur durch den Ausschluss Jugoslawiens aufgrund des Balkankonfliktes in das Teilnehmerfeld.

EM 1996 in England

Gastgeber: England
Teilnehmerzahl: 16
Gewinner: Deutschland
Finalist: Tschechien
Torschützenkönig: Alan Shearer (5 Tore)

Erstmals in der Geschichte der Europameisterschaft waren bei der EM 1996 in England 16 Mannschaften vertreten, die im selbsternannten Mutterland des Fußballs um den Titel kämpften. In einem sehr stimmungsvollen Turnier setzte sich am Ende zum dritten Mal in der EM-Geschichte die deutsche Mannschaft durch, die dank eines Golden Goals von Oliver Bierhoff die Auswahl Tschechiens mit 2:1 besiegte.

Gespielt wurde erstmals bei einer EM mit vier Vorrundengruppen, aus denen sich jeweils die beiden ersten Mannschaften für das Viertelfinale qualifizierten, sowie in insgesamt acht Stadien - ausnahmslos Arenen mit besonderem Flair angefangen vom alten Wembleystadion über Old Trafford in Manchester und die Anfield Road in Liverpool bis hin zum St. James' Park in Newcastle.

EM 2000 in Belgien und Niederlande

Gastgeber: Belgien und Niederlande
Teilnehmerzahl: 16
Gewinner: Frankreich
Finalist: Italien
Torschützenkönig: Patrick Kluivert und Savo Milosevic (jeweils 5 Tore)

Nachdem bei der EM 1996 in England erstmals in der Geschichte der Europameisterschaft 16 Nationen um den Titel kämpften, wurde das Turnier vier Jahre später zum ersten Mal nicht in einem Land ausgetragen. Die beiden Nachbarn Niederlande und Belgien fungierten gemeinsam als Ausrichter und stellten folglich auch zwei gesetzte Gastgeberteams, sodass sich nur 14 andere Teams für die Endrunde qualifizieren konnten.

Mit dabei waren aber alle großen Fußballnationen Europas, die eines der besten Turniere in der Fußballgeschichte ablieferten. Vor allem deshalb, weil OffensivFußball Trumpf war und auch in den K.o.-Spielen beste Unterhaltung und kein taktisches Geplänkel zu sehen war.

Mit Frankreich setzte sich am Ende die Mannschaft durch, die zwei Jahre zuvor schon Weltmeister geworden war. Die Equipe Tricolore kassierte im Turnierverlauf allerdings auch eine Niederlage gegen das vielleicht beste Team dieser EURO, das allerdings auf dramatische Art und Weise im Halbfinale scheiterte: Gastgeber Niederlande.

EM 2004 in Portugal

Gastgeber: Portugal
Teilnehmerzahl: 16
Gewinner: Griechenland
Finalist: Portugal
Torschützenkönig: Milan Baros (5 Tore)

Zwölf Jahre nach dem überraschenden Triumph Dänemarks bei der EM 1992 in Schweden sorgte die Nationalelf Griechenlands für die bis heute größte Sensation in der Geschichte der Europameisterschaft und fraglos für eine der bemerkenswertesten Überraschungen in der allgemeinen Fußball-Historie.

Als heißer Kandidat für ein Vorrunden-Aus gestartet, ließen die Hellenen bei der EM 2004 in Portugal nach und nach jeden Gegner an der von Trainer Otto Rehhagel geformten Betonabwehr verzweifeln und trafen auf der Gegenseite vorwiegend nach Standardsituationen selbst immer, sodass am Ende Kapitän Theodoros Zagorakis am 4. Juli 2004 den Pokal in den Nachthimmel von Lissabon stemmen durfte.

Das gesamte Turnier konnte derweil vermutlich auch wegen des nicht sonderlich spektakulären Fußballs Griechenlands nicht an die Attraktivität der vorherigen Europameisterschaften 1996 in England sowie vor allem 2000 in Belgien & Niederlanden anknüpfen.

EM 2008 in Österreich & Schweiz

Gastgeber: Österreich und Schweiz
Teilnehmerzahl: 16
Gewinner: Spanien
Finalist: Deutschland
Torschützenkönig: David Villa (4 Tore)

Acht Jahre, nachdem sich mit der Niederlande und Belgien erstmals zwei Länder die Ausrichtung einer Europameisterschaft teilten, hatte auch die EM 2008 mit Österreich und der Schweiz zwei Gastgeber. In den beiden Alpenländern bot sich den Fans über gut drei Wochen ein interessantes Turnier, das mit Spanien einen verdienten Sieger hatte.

Nachdem die Iberer zuvor bei Großereignissen stets zum Kreis der Titelanwärter gezählt wurden, außer bei der EM 1964 am Ende aber nie ganz vorne standen, begann mit dem 1:0-Finalsieg über Deutschland im Wiener Ernst-Happel-Stadion eine über vier Jahre lang anhaltende Ära, in der die Furia Roja alles dominierte.

EM 2012 in Polen & Ukraine

Gastgeber: Polen und Ukraine
Teilnehmerzahl: 16
Gewinner: Spanien
Finalist: Italien
Torschützenkönig: Fernando Torres (3 Tore)

Als Titelverteidiger und amtierender Weltmeister gestartet wurde Spanien bei der EM 2012 seiner Favoritenrolle letztlich gerecht, überzeugte in Polen und der Ukraine allerdings nur beim 4:0 gegen Italien im Finale in vollem Umfang.

Unter dem Strich setzte sich die beste Mannschaft aber verdient durch und setzte die 2008 mit dem EM-Triumph in Österreich und der Schweiz begonnene Erfolgsära noch einmal fort – das letzte Ausrufezeichen einer großen Generation um Iker Casillas, Xavi und Andres Iniesta, wie man heute weiß.

EM 2016 in Frankreich

Gastgeber: Frankreich
Teilnehmerzahl: 24
Gewinner: Portugal
Finalist: Frankreich
Torschützenkönig: Antoine Griezmann (6 Tore)

Die Europameisterschaft 2016 wird vor allem als Endrunde der Neuerungen und Überraschungen in die Geschichtsbücher eingehen. Erstmals nahmen 24 Mannschaften an einer Fußball EM teil, sogar die Gruppendritten konnten aufsteigen und es wurde zum ersten Mal ein Achtelfinale ausgetragen. Zu den Überraschungen zählte der Titelgewinn Portugals aber auch das Abschneiden von Underdogs wie Island und Wales, die bis in Viertel- bzw. Halbfinale vorstießen.

EM 2021 in Europa

Gastgeber: Europa
Teilnehmerzahl: 24
Gewinner: Italien
Finalist: England
Torschützenkönig: Cristiano Ronaldo (Portugal, 5 Treffer)
Vorherige Endrunde: EM 2016 – Frankreich
Darauffolgende Endrunde: EM 2024 – Deutschland
Einzigartige EM-Endrunde in 11 Ländern Europas

Eine in vielerlei Hinsicht historische EM ging im Jahr 2021 über die Bühne. Eigentlich sollte die Endrunde bereits im Jahr 2020 stattfinden, allerdings musste diese wegen der weltweiten Corona-Pandemie um ein Jahr nach hinten verlegt werden und fand deshalb erst von 11. Juni bis 11. Juli 2021 statt.

Zudem wurde die Europameisterschaft im Rahmen des 60-jährigen (bzw. 61-jährigen) Jubiläums erstmalig in gleich elf verschiedenen Ländern Europas ausgetragen. Das Turnier quer durch Europa war wegen der anhaltenden Pandemie höchst umstritten, aber sportlich über jeden Zweifel erhaben. Die teilweise vollen Stadien weckten in Zeiten der Pandemie Ängste, dafür zeigten die Teams tollen OffensivFußball.

Ein eindrucksvolles Zeugnis hierfür ist die Flut von Eigentoren, die durch hervorragende Aktionen des Gegners erzwungen wurden. Gleich 11 Eigentore gab es während der gesamten Endrunde und damit mehr als bei allen vorherigen Europameisterschaften zusammen!

Ewige Torschützenliste der Europameisterschaft

Der „Goldene Schuh" geht bei jeder EM-Endrunde an den Spieler, der die meisten Tore erzielt hat. Nachstehend haben wir euch die Top 5 EM-Torschützen aller Zeiten zusammengestellt!

#	SPIELER	SPIELE	TORE
1.	Cristiano Ronaldo	33	25
2.	Harry Kane	20	17
3.	Raheem Sterling	18	14
4.	Romelu Lukaku	15	13
5.	Eran Zahavi	11	11

Portugals Cristiano Ronaldo sicherte sich bei der EM 2021 nicht nur den Titel zum Torschützenkönig, sondern stieg mit seinen fünf erzielten Treffern auch zum besten EM-Torschützen aller Zeiten auf.

Die Rekordspieler bei Europameisterschaften

Mittlerweile alleiniger Rekordspieler bei EM-Endrunden ist Cristiano Ronaldo. Bei fünf Turnieren absolvierte der portugiesische Superstar insgesamt 33 Spiele. Zweimal stand CR7 im Finale, einmal im Halbfinale und einmal im Viertelfinale. 2016 krönte er seine außergewöhnliche Karriere mit dem Gewinn der Europameisterschaft. Bei der EM 2021 war im Achtelfinale gegen Belgien Schluss.

EM-Rekordspieler

#		SPIELER	TORE	SPIELE
1.		Cristiano Ronaldo	25	33
2.		Leonardo Bonucci	3	28
3.		João Moutinho	0	25
4.		Sergio Ramos	4	24
5.		Rui Patrício	0	24

Highlights und Sieger der Fußball WM Geschichte

Die Fußball-WM 2018 in Russland war die insgesamt 21. und bisher letzte Fußball Weltmeisterschaft der Geschichte. Erstmals wurde die Weltmeisterschaft 1930 in Uruguay ausgespielt.

Rekordsieger ist Brasilien, welcher bereits 5 WM-Titeln sein Eigenen nennen darf. Nachfolgend findet ihr eine Tabelle mit allen WM-

Siegerländern der Geschichte. Das nächste WM-Turnier, die WM 2022, findet übrigens in Katar statt. Mehr zur WM in Katar findet ihr am Ende des Buches!

Sieger und Finalgegner der Weltmeisterschaften

JAHR	SIEGER	FINALGEGNER	ERGEBNIS
2018	Frankreich	Kroatien	4:2 2:1
2014	Deutschland	Argentinien	1:0 n.V. 0:0
2010	Spanien	Niederlande	0:1 n.V. 0:0
2006	Italien	Frankreich	5:3 n.E. 1:1
2002	Brasilien	Deutschland	0:2 0:0
1998	Frankreich	Brasilien	0:3 0:2
1994	Brasilien	Italien	3:2 n.E. 0:0
1990	Deutschland	Argentinien	1:0 0:0
1986	Argentinien	Deutschland	3:2 1:0
1982	Italien	Deutschland	3:1 0:0
1978	Argentinien	Niederlande	3:1 n.V. 1:1
1974	Deutschland	Niederlande	2:1 2:1
1970	Brasilien	Italien	4:1 1:1
1966	England	Deutschland	4:2 n.V. 2:2
1962	Brasilien	Tschechien	3:1 1:1
1958	Brasilien	Schweden	2:5 1:2
1954	Deutschland	Ungarn	3:2 2:2
1950	Uruguay	Brasilien	1:2 0:0
1938	Italien	Ungarn	4:2 3:1
1934	Italien	Tschechien	2:1 n.V. 1:1
1930	Uruguay	Argentinien	4:2 1:2

Die Rangliste der Fußball-Weltmeister

Die Mannschaft	Die Anzahl der Titel	Das WM-Jahr
Brasilien	5	1958, 1962, 1970, 1994, 2002
Deutschland	4	1954, 1974, 1990, 2014
Italien	4	1934, 1938, 1982, 2006
Argentinien	2	1978, 1986
Uruguay	2	1930, 1950
Frankreich	2	1998, 2018
England	1	1966
Spanien	1	2010

WM Fakten 1930

Gastgeber: Uruguay
Vom 13. bis 30. Juli.
Weltmeister: Uruguay
Deutschland verzichtet.

1930 spielten 13 Mannschaften 18 Partien in 3 Stadien, die allesamt in der Hauptstadt Montevideo standen. Uruguay gewann das Endspiel 4:2 gegen Argentinien und wurde 1. Fußball-Weltmeister.

Brasilien ist das einzige Land, dass seit 1930 bei allen WM-Endrunden teilnahm.

Der Argentinier Guillermo Stábile wurde 1930 erster Torschützenkönig der WM. Er schoss in 4 Spielen 8 Tore.

Die längste Anreise nach Montevideo hatte Rumänien. Das Team musste 1930 noch mit dem Schiff anreisen und war volle 2 Wochen unterwegs.

Nur rund 300 Zuschauer wollten 1930 das WM-Spiel Rumänien vs. Peru sehen. Das ist WM-Negativrekord.

WM Fakten 1934

Gastgeber: Italien
Vom 27. Mai bis 10. Juni.
Weltmeister: Italien
Deutschland wurde Dritter.

Italiens Diktator Benito Mussolini nutzte die Fußball-WM 1934 zu Propaganda-Zwecken.

Der "Duce" wollte mit allen Mitteln, dass Italien Weltmeister wird, was ihm auch gelang. Allerdings mit zweifelhaftem Ruf, denn die Schiedsrichter pfiffen oft zu Gunsten der Squadra Azzurra. Irreguläre Tore wurden anerkannt, Elfmeter für Italien gepfiffen, aber nicht für die Gegner usw. Die WM 1934 ging daher als "Skandal-WM" in die Geschichte ein.

Im Halbfinale 1934 Österreich vs. Italien wurden diese Fehlentscheidungen besonders deutlich. Der Schwedische "Unparteiische" Sven Eklind köpfte dabei sogar selbst eine gefährliche Ecke der Österreicher aus dem Strafraum der Italiener, die weiterhin ungehindert mit brutalen Fouls spielen durften, während der Gegner schon nach kleinsten Berührungen ermahnt wurde.

Der italienische Spieler Raimund Orsi schrieb später in seinen Memoiren, dass seine Mannschaft 1934 nur deshalb so brutal spielte, weil jeder einzelne Angst vor der Rache Mussolinis hatte.

1934 nahm erstmals auch Deutschland an einer WM teil und wurde am Ende Dritter. Allerdings unter dem Namen "Deutsches Reich". Trainer der Deutschen war Otto Nerz.

Das erste historische deutsche WM-Tor schoss Stanislaus "Tau" Kobierski 1934 beim 5:2 Sieg in der 27. Minute über Belgien.

Der Italiener Vittorio Pozzo ist bis heute der einzige Trainer der 2x den WM Titel gewann, 1934 und 1938.

WM Fakten 1938

Gastgeber: Frankreich
Vom 4. bis 19. Juni.
Weltmeister: Italien
Deutschland scheitert im Achtelfinale.

Italien wurde 1938 erneut Weltmeister (dieses Mal sportlich auch zurecht). Allerdings profitierten sie auch von der Nicht-Teilnahme aller (mit Ausnahme Brasiliens) südamerikanischen Länder, die gegen eine wiederholte Ausrichtung in Europa protestierten.

Im Viertelfinale 1938 brach sich der tschechoslowakische Torhüter Frantisek Plánicka beim Stande von 1:1 gegen Brasilien den Unterarm, hielt aber bis zum Ende (noch rund 35 Minuten) seinen Kasten sauber. Damit nicht genug, auch ihr Torjäger Nejedly erlitt einen Beinbruch. Am Ende blieb es beim 1:1, was ein Wiederholungsspiel zur Folge hatte, das Brasilien mit 2:1 gewann.

Da Österreich (nach dem Anschluss ans Deutsche Reich) seine Teilnahme zurückzog, nahm 1938 eine deutsch-österreichische Mannschaft teil, die aber bereits im Achtelfinale ausschied. Reichstrainer war Sepp Herberger.

WM Fakten 1950

Gastgeber: Brasilien
Vom 24. Juni bis 16. Juli.
Weltmeister: Uruguay
Deutschland wurde nicht eingeladen.

Die Brasilianer spielten die ersten 4 WM Turniere in weißen Trikots. Erst nach einer schmerzlichen Niederlage im Endspiel 1950 gegen Uruguay (1:2), wechselten sie auf gelbe Trikots. Für die Brasilianer war das Spiel (bis zur 1:7 Niederlage gegen Deutschland) die größte Schmach, die sie ihrem Torhüter Barbosa bis zu dessen Tod (gestorben 2000) nicht verziehen.

Dieses Endspiel von 1950 hält bis heute auch den Zuschauer-Rekord: Offiziell kamen 199.854 Zuschauer ins Maracanã-Stadion nach Rio de Janeiro. Uruguay holte zum zweiten Mal den Cup.

Indien verweigerte 1950 (trotz erfolgreicher Qualifikation) die Teilnahme an der Endrunde, weil es dem Team nicht erlaubt wurde, barfuß zu spielen.

WM Fakten 1954

Gastgeber: Schweiz
Vom 16.Juni bis 4.Juli.
Weltmeister: Deutschland

1954 wurden erstmals WM-Spiele im deutschen Fernsehen übertragen.

Südkorea kassierte 1954 die bislang meisten Gegentore bei einer WM-Endrunde: 16 mal musste deren Torhüter den Ball aus dem Netz fischen. WM-Rekord!

Am 26. Juni fielen in der "Hitzeschlacht von Lausanne" (Viertelfinale zwischen Österreich und Schweiz) trotz der rund 40 Grad im Schatten 12 Tore. Das ist WM-Rekord. Niemals fielen mehr Tore in einer WM-

Begegnung. Österreich gewann 7:5 und zog ins Halbfinale ein. Und so erklärt sich diese hohe Trefferzahl: Der österreichische Torhüter Kurt Schmied erlitt in der 1. Halbzeit einen Sonnenstich und irrte in Trance zwischen den Torpfosten umher. Die Schweizer Spieler nutzten dessen schlechten Zustand aus und schoßen innerhalb von 8 Minuten (16.bis 28.) drei Tore. Die Österreicher aber schlugen sofort zurück und glichen in nur 4 Minuten (25. bis 28.) zum 3:3 aus. Mehr noch: sie erhöhten mit 2 weiteren Treffern sogar auf 5:3. Der Pausenstand von 5:4 stellte alles in den Schatten. Zumindest für 15 Minuten.

Das WM-Finale 1954 und unser "Wunder von Bern" ist das einzige Endspiel, das im Regen ("Fritz-Walter-Wetter") stattfand.

Deutschland (BRD) wurde 1954 erstmals Fußball-Weltmeister. Das Team um Bundestrainer Sepp Herberger war krasser Außenseiter gegen die favorisierte Elf aus Ungarn, die bereits nach 8. Minuten mit 2:0 führten. Mit viel Dusel und einem herausragenden Torhüter Toni Turek drehte Deutschland noch das Spiel und gewann am Ende glücklich aber verdient mit 2:3.

WM Fakten 1958

Gastgeber: Schweden
Vom 8. bis 29. Juni.
Weltmeister: Brasilien
Deutschland wird Vierter.

Das 0:0 zwischen Brasilien und England war 1958 das erste torlose WM-Spiel in der Geschichte.

Die Brasilianer allerdings sorgten im WM-Finale 1958 gegen Schweden mit einem 5:2 für das torreichste Endspiel aller Zeiten.

BR Deutschland verliert 1958 das Halbfinale gegen Schweden 1:3 - und das Spiel um Platz 3 gegen Frankreich mit 3:6.

Nach dem verlorenen Halbfinale und dem Platzverweis von Erich Juskowiak kam es 1958 in Deutschland zu Fan-Ausschreitungen. Reifen schwedischer Autos wurden platt gestochen und die beliebte "Schwedenplatte" (Rollmöpse, Heringe, Matjes-Filet, eingelegte Zwiebeln und Sprotten) von der Karte vieler Restaurants gestrichen.

WM Fakten 1962

Gastgeber: Chile
Vom 30.Mai bis 17. Juni.
Weltmeister: Brasilien
Deutschland scheitert im Viertelfinale.

Brasilien setzte 1962 beim wiederholten Cup-Gewinn insgesamt nur 12 Spieler ein. Der Rest saß vergeblich auf der Bank. Im Endspiel besiegten sie die Tschechoslowakei mit 3:1.

Kein Team besiegte den Gastgeber öfters (5x) als Deutschland: 1962 Chile, 1982 Spanien, 1986 Mexico, 2002 Südkorea und 2014 Brasilien.

BR Deutschland schie 1962 im Viertelfinale gegen Jugoslawien mit 1:0 aus. Das entscheidende Tor fiel in der 86. Minute durch Petar Radakovic.

WM Fakten 1966

Gastgeber: England
Vom 11. bis 30 Juli.
Weltmeister: England
Deutschland wird Vize-Weltmeister.

Das Finale der WM 1966 war ein echter Krimi. Die Engländer gingen in der 78. Minute mit 2:1 in Führung, doch der deutsche Verteidiger Wolfgang Weber schaffte in der Nachspielzeit noch den Ausgleich. In der Verlängerung fiel das berühmte "Wembley-Tor" in der 101. Minute. Der Schuss von Geoff Hurst prallte von der Unterlatte auf die Torlinie.

Denn eine Untersuchung der Oxford University kam in den 90er Jahren zu dem Schluss, dass der Ball nicht mit vollem Umfang die Torlinie überquerte. Das Tor war also faktisch irregulär. Das Spiel endet letztlich mit 4:2 für England.

Im Finale 1966 wurden 68 Torschüsse verzeichnet, mehr als 3x so viele wie im Endspiel von 2006 (20 Torschüsse).

Vor dem Anpfiff der WM-Spiele 1966 wurde keine Nationalhymne gespielt. Das ist bis heute einzigartig.

1966 fanden erstmals Dopingkontrollen statt. Nach jedem Spiel wurden von zwei Spielern pro Mannschaft Urinproben entnommen.

Die französische Nationalelf kam 1966 mit 1.500 Liter Rotwein angereist, weil sie befürchteten, dass sie in England nur mit minderwertigem Traubensaft versorgt werden.

1966 erblickte mit "Willie" das erste WM-Maskottchen das Licht der Stadionleuchten.

WM Fakten 1970

Gastgeber: Mexiko
Vom 31. Mai bis 21. Juni.
Weltmeister: Brasilien
Deutschland wird Dritter.

Erstmal wurden 1970 gelbe und rote Karten eingesetzt. Zuvor wurde nur mündlich verwarnt und vom Platz gestellt.

Weil viele TV-Zuschauer noch vor Schwarz-Weiß-Geräten saßen und daher die gelben nicht von den roten Karten unterscheiden konnten, griff man zu einer einfachen Lösung: Greift der Schiedsrichter in die Brusttasche, ist es die gelbe Karte, greift er dagegen in die Gesäßtasche, ist es die rote Karte. Der Begriff "Arschkarte" wurde also mit der WM 1970 geprägt.

Das Halbfinale am 17. Juni 1970 zwischen Italien und Deutschland (4:3) ging als Jahrhundertspiel in die WM-Geschichte ein. Italien führte ab der 7. Minute mit 1:0, doch kurz vor dem Schlusspfiff gelang Karl-Heinz Schnellinger noch der Ausgleich. Mit 1:1 ging es in die legendäre Verlängerung, in der Gerd Müller mit 2:1 (94.) vorlegte. Die Italiener konnten ausgleichen (98.) und wieder in Führung gehen (104.). Doch Gerd Müller glich erneut zum 3:3 (110.) aus, was aber nichts half, da Rivera schon 1 Minute danach auf den Endstand 4:3 erhöhte. Besonders erwähnenswert: Franz Beckenbauer spielte aber der 65.Minute mit gebrochenem Schultergelenk und war in der Verlängerung (das Wechselkontingent war bereits erschöpft) kaum noch einsatzfähig.

Die WM 1970 wird Fußballerisch bis heute als die beste WM aller Zeiten bezeichnet.

Mit dem dritten WM-Titel 1970 durften die Brasilianer den bis dahin ausgespielten Pokal "Coupe Jules Rimet" behalten. Die FIFA ließ danach den neuen WM-Pokal -so wie wir ihn heute kennen- entwerfen. Er besteht aus 18-karätigem Gold, ist 36,8 Zentimeter groß, 6,175kg schwer und umgerechnet etwa 120.000€uro wert.

WM Fakten 1974

Gastgeber: BR Deutschland
Vom 13. Juni bis 7. Juli.
Weltmeister: Deutschland

Der erste offizielle WM-Song einer DFB-Elf wurde 1974 von Jack White gesungen. Titel: Fußball ist unser Leben. WM-Maskottchen war übrigens Tip-Tap oder Tip-Top.

Am 3. Juli 1974 fand die berühmte "Wasserschlacht von Frankfurt" statt. Vor Spielbeginn machte ein Wolkenbruch den Rasen des Frankfurter Waldstations unbespielbar, doch die Feuerwehr versuchte mit Walzen das Wasser vom Spielfeld zu schöpfen. Mit 30 Minuten Verspätung wurde die Partie trotz Pfützen auf dem Rasen angepfiffen und

Deutschland gewann 1:0 gegen Polen, die ihre Schnelligkeit unter diesen Bedingungen nicht ausspielen konnten.

Uli Hoeneß spielte im WM-Finale 1974 gegen die Niederlande (2:1) trotz hohen Fiebers, dass er in der Nacht zuvor erfolgreich bekämpfen konnte.

53 Sekunden nach Anpfiff des Finales 1974 wurde der Holländer Johan Cruyff von Uli Hoeneß im Strafraum gefoult. Bis dahin hatte noch kein einziger deutscher Spieler einen Ballkontakt. Den fälligen Elfmeter verwandelte Neeskens sicher. Es war der erste Strafstoß in einem WM-Finale.

Das Siegtor (2:1) im Finale 1974 war Gerd Müllers 14. WM-Tor und sein letztes in der Nationalmannschaft. Bundestrainer war Helmut Schön.

Im dritten Gruppenspiel am 22. Juni 1974 unterlag das Team der BR Deutschland der DDR-Elf mit 0:1. Legendärer Torschütze in der 77. Minute war Jürgen Sparwasser. Die DDR zog durch diesen Sieg als Gruppenerster in die nächste Runde ein. Die BRD wurde zweiter.

Mit nur 2,5 Toren pro Spiel brachte die WM 1974 einen neuen Minusrekord. Bei keiner WM zuvor waren im Schnitt so wenige Tore gefallen.

WM Fakten 1978

Gastgeber: Argentinien
Vom 1. bis 25. Juni.
Weltmeister: Argentinien
Deutschland scheitert in der Zwischenrunde.

Obwohl Argentinien seit 1976 eine Militär-Diktatur war (bis zu 30.000 politische Oppositionelle wurden gefoltert und ermordet) fand die Fußball-WM 1978 ohne nennenswerte Proteste statt. Einziger sichtbarer Protest gegen die Militärdiktatur war ein aufgemaltes schwarzes Band am unteren Ende der Torpfosten.

Die WM 1978 ging als "schmutzigste" und "traurigste Fußball-WM aller Zeiten" in die Geschichte ein.

Denn heute steht (durch Zeugenaussagen) fest, dass der WM-Sieg Argentiniens von dessen Diktator Jorge Videla und em US-Außenminister Henry Kissinger (beide waren in der peruanischen Mannschaftskabine) manipuliert und gekauft wurde. Das 6:0 der Argentinier (sie mussten mit 4 Toren Unterschied gewinnen, damit sie vor Brasilien ins Finale einziehen konnten) über Peru (obwohl Peru´s Abwehr zuvor nur wenige Tore zuließ) ist eines der umstrittensten Resultate in der WM-Geschichte. Fakt ist auch: Nur wenige Tage nach dem Sieg lieferte der argentinische Junta 35.000 Tonnen Getreide an Peru und gab einen zuvor eingefrorenen 50-Millionen-Dollar-Kredit an Peru wieder frei. Auch 13 peruanische Häftlinge wurden freigelassen.

Das Finale 1978 endete 3:1 n.V. für Argentinien gegen die Niederlande. Dieses Endspiel war übrigens bis 2006 das einzige Finale seit dem Zweiten Weltkrieg, in dem weder Deutschland noch Brasilien vertreten waren.

Während des Finalspiels 1978 stand ein großer Aschenbecher an der Seitenlinie, da man wusste, dass die beiden Trainer Menotti (ARG) und Ernst Happel (NL) starke Kettenraucher waren.

Vor Anpfiff des Finales 1978 gab es heftige Diskussionen um eine Gipsmanschette, die der Holländer "René" van de Kerkhof nach einer Verletzung an der Hand trug. Der Schiri schickte den Spieler zurück in die Kabine, worauf Trainer Ernst Happel aus Protest sein komplettes Team in die Kabine schickte. Erst nachdem die Manschette mit weichem Tape-Verband umwickelt wurde, pfiff der Schiri das Spiel mit Verspätung an.

Als "Schmach von Córdoba" wird die 2:3-Niederlage am 21. Juni 1978 gegen Österreich bezeichnet. Karl-Heinz Rummenigge schoss zwar früh das 1:0 (19.), doch durch ein Eigentor von Berti Vogzs (59.) und ein Traumtor von Hans Krankl (66.) führte plötzlich Österreich. Den Deutschen hätte das Unentschieden 2:2 (erzielt durch Bernd

Hölzenbein in der 68.) zum Weiterkommen gereicht, doch Krankl schoß uns mit seinem 2:3 (87.) aus dem Rennen. Das Ende vom Lied: Beide Mannschaften schieden vorzeitig aus.

WM Fakten 1982

Gastgeber: Spanien
Vom 13.Juni bis 11. Juli.
Weltmeister: Italien
Deutschland wird Vize-Weltmeister.

Am 25. Juni 1982 kam es zum "Nichtangriffspakt von Gijón" zwischen Österreich und Deutschland. Das Spiel endete mit 1:0 für Deutschland, ein Ergebnis das beide Teams in die nächste Runde brachte. Algerien rutschte dadurch trotz Punktegleichheit (aber aufgrund des schlechteren Torverhältnisses) auf den 3. Platz der Vorrunden-Tabelle und schied aus. Vor allem in der 2. Hälfte war der Nichtangriffspakt deutlich sichtbar: 22 Spieler schoben sich einfach nur den Ball hin und her. Torschüsse, Zweikämpfe oder andere Angiffsversuche gab es auf den beiden Seiten nicht mehr.

Legendär ist dagegen die "Nacht von Sevilla", das Halbfinale Deutschland vs. Frankreich, das die DFB-Elf mit 5:4 im Elfmeterschießen für sich entscheiden konnte. Toni Schumacher traf dabei Patrick Battiston so hart, dass dieser in der 57. Minute vom Platz getragen werden musste.

WM Fakten 1986

Gastgeber: Mexiko
Vom 31. Mai bis 29. Juni.
Weltmeister: Argentinien
Deutschland wird Vize-Weltmeister.

Erstmals schwappt eine Welle (der Begeisterung) durch die Fußball-Stadien. Die "La Ola" feiert 1986 ihre Premiere bei einer WM. Bereits zwei

Jahre zuvor rollte die Welle durch das Stadion der Olympischen Sommerspiele von Los Angeles. Im englischen Sprachraum heißt die "La Ola" übrigens "Mexican Wave".

Jóse Batista (Uruguay) kassierte 1986 nach nur 56 Sekunden (beim 0:0 gegen Schottland) die schnellste Rote Karte in der WM-Geschichte.

1986 fielen im Viertelfinal-Spiel Argentinien vs. England gleich zwei Tore, die in die WM-Geschichte eingingen. Das erste erzielte Diego Maradona (1960-2020) irregulär mit der Hand ("Hand Gottes") in der 51. Minute, sowie - vier Minuten später - das "WM Tor des Jahrhunderts", in dem er nach einem sehenswerten Dribbling von über 60 Metern die komplette englische Hintermannschaft inkl. Torhüter Peter Shilton umspielte und den Ball ins leere Tor einschob.

Auch das Finale 1986 hatte es in sich. Deutschland lag bis zur 74. Minute mit 0:2 zurück, schafften dann aber innerhalb von 7 Minuten den Ausgleich durch Karl-Heinz Rummenigge und Rudi Völler, ehe Burruchaga das Siegtor (84.) zur Weltmeisterschaft schoß. Teamchef war damals Franz Beckenbauer, der bei der Stasi übrigens "Rasen 20" hieß.

WM Fakten 1990

Gastgeber: Italien
Vom 8. Juni bis 8. Juli.
Weltmeister: Deutschland

Schon im ersten Vorrundenspiel gegen Jugoslawien (Endstand 4:1) brillierte Lothar Matthäus 1990 und wurde später zum allerersten "WeltFußballer des Jahres" gewählt.

Deutschland schaffte es 1990 zum dritten Mal in Folge ins WM-Finale.

1990 konnte erstmals eine europäische Mannschaft im Finale eine südamerikanische Mannschaft (Argentinien) schlagen. Das Endspiel endete 1:0 für Deutschland.

Im Achtelfinale gegen die Niederlande (2:1 für Deutschland) kam es zur unsäglichen Spuckattacke von Frank Rijkaard, der Rudi Völler zweimal anspuckte und dafür vom Platz flog. Auch der angespuckte Rudi Völler sah Rot - warum war aber allen unerklärlich.

Außergewöhnlich: Beide Halbfinale endeten 1990 mit 4:3 im Elfmeterschießen: Argentinien vs. Italien und Deutschland vs. England.

1990 kam es zum ersten Finalspiel, das durch einen Elfmeter entschieden wurde (85. durch Andi Brehme). Eigentlich wäre Lothar Matthäus der sicherere Elfmeter-Schütze gewesen, doch er lehnte ab, da er in der Pause seine Schuhe wechseln musste.

WM Fakten 1994

Gastgeber: USA
Vom 17. Juni bis 17. Juli.
Weltmeister: Brasilien
Deutschland scheitert im Viertelfinale.

1994 gab es das erste Finale, das im Elfmeterschießen entschieden wurde. Das von Taktik geprägte Endspiel gewann Brasilien mit 3:2 im Elfmeterschießen gegen Italien. Roberto Baggio verschoß den entscheidenden Elfer.

Stefan Effenberg wurde 1994 nach seinem berühmten "Stinkefinger" (beim Spiel gegen Südkorea) vorzeitig nach Hause geschickt.

Deutschland verlor 1994 im Viertelfinale gegen Bulgarien, die innerhalb von drei Minuten das Spiel drehten (75. und 78.) und am Ende mit 2:1 ins Halbfinale einzogen.

Mit 42 Jahren wird Kameruns Roger Milla der älteste Torschütze der WM-Geschichte (Stand 2018).

WM Fakten 1998

Gastgeber: Frankreich
Vom 10. Juni bis 12. Juli.
Weltmeister: Frankreich
Deuschland scheitert im Viertelfinale.

Während der WM 1998 kam es zu Ausschreitungen deutscher Hooligans in Lens, in dessen Verlauf der Polizist Daniel Nivel zusammengeschlagen und lebensgefährlich verletzt wurde.

1998 nahmen erstmals 32 Länder teil, aufgeteilt in 8 Gruppen á 4 Teams.

Schon der knappe und späte Sieg Deutschlands (86. durch Oliver Bierhoff) im Achtelfinale 1998 gegen Mexico offenbarte die Schwächen der DFB-Elf.

Im Viertelfinale 1998 verlor die deutsche Elf in Unterzahl 0:3 gegen Kroatien. Ein Fehlpass von Lothar Matthäus nötigte Christian Wörns zu einer Notbremse in der 40. Minute.

WM Fakten 2002

Gastgeber: Südkorea & Japan
Vom 31. Mai bis 30. Juni.
Weltmeister: Brasilien
Deutschland wird Vize-Weltmeister.

Der türkische Spieler Hakan Sükür schießt 2002 nach nur 11 Sekunden (im Spiel um Platz 3) das schnellste Tor der WM-Geschichte. Die Türkei besiegte in diesem Spiel Südkorea mit 2:3 und wird überraschend WM-Dritter.

Michael Ballack schoß die deutsche Elf im Halbfinale gegen Südkorea ins Finale. Zuvor sah er allerdings die zweite Gelbe Karte und war für's Endspiel gesperrt.

Im Finale brachte ein Fehler von Torhüter Oliver Kahn Brasilien auf die Siegerstraße. Ronaldo drosch den Abpraller von Kahn in der 69. in die Maschen. Brasilien gewann am Ende mit 2:0 den fünften und bislang letzten WM-Titel.

WM Fakten 2006

Gastgeber: Deutschland
Vom 9. Juni bis 9. Juli.
Weltmeister: Italien
Deutschland wird Dritter.

2006 war ein deutsches Sommermärchen, welches - wie man im Nachhinein leider erfahren musste - von der FIFA "mutmaßlich gekauft" wurde. Pünktlich zum Eröffnungsspiel kamen Sonne, Sommer und Hunderttausende Fans nach Deutschland, die allesamt mit dem Motto "Die Welt zu Gast bei Freunden" begrüßt wurden.

Im Achtelfinal-Spiel 2006 Portugal vs. Niederlande gab es vier Platzverweise, das ist Rekord in der WM-Geschichte.

Im Viertelfinale 2006 hatte Deutschland Argentinien auf dem Zettel. Und zwar wortwörtlich. Denn es kam, durch den späten Ausgleich von Miroslav Klose (80.), zur Verlängerung und zum Elfmeterschießen. Torhüter Jens Lehmann erhielt vor Beginn des Elfmeter-Dramas einen Zettel, auf dem wichtige Informationen zum jeweiligen Schützen notiert waren. Diesen Spickzettel zupfte er vor jedem argentinischen Elfer aus dem Knieschoner und konnte dank der Hinweise zwei Schüsse parieren. Somit brachte er das deutsche Team ins Halbfinale, in dem sie aber gegen Italien in der Verlängerung (119. + 121.) mit 0:2 verloren.

Das Finale 2006 in Berlin gewann Italien mit 5:3 im Elfmeterschießen gegen Frankreich. In der 110. Minute der Verlängerung verlor Zinédine Zidane den Kopf und rammte selbigen in den Brustkorb von Materazzi, der ihn zuvor beleidigt hatte.

Frankreich verlor das Finalspiel im 11-Meter-Schießen nur durch einen einzigen Fehlschuss (Trezeguet traf die Latte).

Die Schweiz ist die erste Mannschaft, die bei einer WM ohne Gegentor ausschied. Gleichzeitig ist das Team auch die erste Elf, die bei einer WM kein Tor einem Elfmeterschießen erzielte.

WM Fakten 2010

Gastgeber: Südafrika
Vom 11. Juni bis 11. Juli.
Weltmeister: Spanien
Deutschland wird Dritter.

Neuseeland blieb 2010 unbesiegt und schied nach drei Unentschieden in der Vorrunde aus.

Bei der WM 2010 standen zum ersten Mal weder Brasilien, Deutschland, Italien nach Argentinien im Finale.

Die Niederlande lief im Finale 2010 mit den Rückennummern 1-11 auf. Das hatte es seit der WM 1954 nicht mehr gegeben.

Im Finale 2010 verloren die Niederlande gegen Spanien ihr 3. WM-Endspiel nach 1974 und 1978. Dieses mal aber sehr knapp nach Verlängerung durch ein Tor in der 116. Minute durch Andrés Iniesta.

Manuel Neuer war 2010 der erste Torhüter seit 44 Jahren, der mit seinem Pass auf Miroslav Klose (gegen England) einen Scorer-Punkt erhielt. Endstand 4:1 für Deutschland. Dieses Spiel hatte auch ein Wembley-Tor 2.0, da ein Treffer von Frank Lampard nicht anerkannt wurde, obwohl der Ball deutlich hinter der Linie war.

WM Fakten 2014

Gastgeber: Brasilien
Vom 12. Juni bis 13. Juli.
Weltmeister: Deutschland

"Mach ihn, mach ihn, er macht ihn". Wer könnte diese Worte des Sportreporters Tom Bartels zu Mario Götzes Traum- und Siegtor gegen Argentinien jemals vergessen?! Die Vorlage kam in der 113. Minute von André Schürrle und bescherte Deutschland 2014 den 4. WM-Titel.

Das Besondere daran: Mario Götze wurde im Finale erst in der 88. Minute eingewechselt. Bundestrainer Jogi Löw gab ihm dabei folgende Worte mit auf den Weg: "Zeig der Welt, dass du besser bist als Messi!".

Es war der erste Titelgewinn einer europäischen Mannschaft auf dem amerikanischen Kontinent.

Mit dem 2:0 gegen Brasilien und damit 16 Toren bei WM-Endrunden ist Miroslav Klose seit 2014 neuer WM-Rekordjäger (Stand 2018).

Unvergessen bleibt auch das 1:7 im Halbfinale gegen Brasilien, die diese derbe Niederlage den Beinamen Mineiraco verliehen, was sinngemäß "Schock von Mineirao" bedeutet. Das deutsche Team führte an diesem historischen 8. Juli 2014 bereits in der 29. Minute mit 0:5. Toni Kroos und André Schürrle trafen jeweils zweimal.

WM Fakten 2018

Gastgeber: Russland
Vom 14. Juni bis 15. Juli.
Weltmeister: Frankreich
Deutschland scheidet erstmals in der Vorrunde aus.

Mit 10 Siegen in 10 Qualifikationsspielen hatte sich Deutschland eindrucksvoll für die Fußball-Weltmeisterschaft 2018 in Russland qualifiziert. Doch vor Ort blamierte sich eine blutleere Elf und schie bereits (in der Vorrunde) nach nur drei Spielen aus. Dabei fehlte es an allem: Aggression, Mut, Tempo, Teamgeist, Ideen und Toren.

Italien, Niederlande und die USA waren 2018 in Russland nicht dabei. Das italienische Team musste das erste Mal seit 1958 passen. Dagegen feierten Island und Panama ihre WM-Prämieren.

2018 war die Fußball WM der Standard-Tore. Nie zuvor fielen mehr Treffer nach einem "ruhenden Ball" (Ecke, Freistoß, Elfmeter).

Erstmals wurden 2018 auch Videoschiedsrichter eingesetzt. Neu war auch, dass eine vierte Auswechslung in der Verlängerung möglich war. Im Achtelfinale gegen Spanien machte Russland (in der 97. Minute) erstmals von dieser neuen Regelung Gebrauch und wechselte Erokhin ein. Russland gewann das Spiel.

WM-Maskottchen war der Wolf Zabivaka, auf deutsch: "der einen Treffer erzielt".

Die Fußball WM 2018 steckte voller Überraschungen: Nach dem deutschen Aus (in der Vorrunde), schieden im Achtelfinale weitere WM-Favoriten aus, darunter Argentinien, Spanien und Portugal. Brasilien scheiterte nur eine Runde später im Viertelfinale. Im Endspiel besiegt Frankreich Kroatien mit 4:2.

Torschützenkönige der WM-Geschichte

Einer der begehrtesten Trophäen in der Welt des Fußballs ist der „goldene Schuh", den der Torschützenkönig der WM mit nach Hause nehmen darf. Im Jahr 2010 durfte sich der deutsche Nationalspieler Thomas Müller mit 5 Toren über diese Auszeichnung freuen. Die meisten Tore bei einer Fußball Weltmeisterschaft erzielte der Franzose Just Fontaine mit 13 Treffern bei der WM 1958. Die meisten Treffer eines Torschützenkönigs aus Deutschland schoss Legende Gerd Müller bei der WM 1970.

Der Spieler mit den meisten Toren bei allen Weltmeisterschaften zusammen war bis zur Endrunde 2014 der brasilianische Stürmer und Fußball-WM-Legende Ronaldo, welcher insgesamt 15 Tore bei WM-Endrunden erzielt hatte. Seit der Weltmeisterschaft 2014 ist der Deutsche Miroslav Klose mit 16 Treffern der erfolgreichste WM-Torschütze aller Zeiten.

#	SPIELER	SPIELE	TORE
1.	**Miroslav Klose**	24	16
2.	**Ronaldo**	19	15
3.	**Gerd Müller**	13	14
4.	**Just Fontaine**	6	13
5.	**Pelé**	14	12

Geschichte des Fußballs

Folk-Football - die Geschichte des Fußballs nahm ihren Anfang

England wird als Heimat des Fußballs gefeiert. Dort fand das Fußballspiel mit dem sogenannten "Folk-Football" seinen Anfang.

Bereits im 12. Jahrhundert wurde die frühe Form der weltweit beliebten Sportart ausgeführt. Damals gab es jedoch noch keine Regeln! Ein medizinballgroßer Ball wurde in die Menschenmenge geworfen und es ging los. Die Mannschaften durften beliebig viele Spieler haben, es wurde acht Stunden lang gespielt und das Feld umfasst mehrere Kilometer.

Bis ins 19. Jahrhundert standen sich bei diesen Spielen ganze Stadtviertel oder Dörfer gegenüber. Da es eine brutale Angelegenheit war, waren die Spiele auch Anlass für Massenprügeleien.

Bereits im 16. Jahrhundert gab es in britischen Eliteschulen Fußballähnliche Spiele. Regeln gab es jedoch immer noch nicht wirklich - es war beinahe alles erlaubt, um den Ball zu bekommen. Die bürgerlichen Lehrer konnten ein Verbot gegenüber den adeligen Schülern jedoch nicht durchsetzen.

Deshalb wurde das Ballspiel ab den 1830er Jahren aktiv gefördert. Pädagogen meinten, es solle den Schülern Tugend, Fairness, Teamgeist und Selbstbeherrschung lernen. 1846 wurden die ersten Regeln schriftlich fixiert, welche jedoch von Schule zu Schule anders waren.

Wollten Absolventen der Schulen miteinander spielen, herrschte großes Chaos, da sich jeder an andere Regeln hielt. Die Universität

Cambridge legte 1848 die sogenannten "Cambridge Rules" fest, welche als Grundlage für das moderne Fußballspiel gelten.

Die Gründung des ersten Verbandes

1863 trafen sich elf Vertreter von unterschiedlichen Fußballklubs in der "Freimaurer-Taverne" in London und fixierten die Spielregeln. Zudem gründeten sie den ersten nationalen Fußballverband der Welt, die "Football Association".

In 14 Regeln legte die Football Association das Verbot von Tritten, Halten und Tragen des Balles fest. Für die Anhänger der härteren Spielvarianten, wie beispielsweise Rugby, waren diese Regeln nicht zu akzeptieren und sie verließen den Verband.

Wenige Jahre später wurde Fußball zum beliebtesten Sport und eroberte die Herzen der Gesellschaft, besonders beliebt war Fußball bei den britischen Arbeitern. Als diese kürzere Arbeitszeiten und bessere Entlohnung durchsetzen, wurde Fußball zu einer beliebten Freizeitbeschäftigung, sei es als Spieler oder als Zuschauer.

1872 trafen England und Schottland im ersten offiziellem Länderspiel aufeinander. Das Spiel endete mit 0:0.

Die weltweite Verbreitung des Fußballs

Vor allem britische Geschäftsleute und Studenten verbreiteten Fußball in Europa und Südamerika.

Nach England war die Schweiz das erste europäische Land, welches Fußball spielte. Englische Schüler besuchten eine dortige Privatschule und führten den Fußballsport ein. Im Jahr 1860 wurde der Lausanne Football Cricket Club gegründet, der erste Schweizer Fußballverein. 1879 wurde der FC St. Gallen von Studenten gegründet.

Der junge Schweizer Fußballspieler Hans Gamper gründete 1899 den FC Barcelona. Neben der Schweiz gründeten 1889 auch Dänemark und die Niederlande nationale Verbände.

In Deutschland schwappte ebenfalls die Fußball-Welle über, jedoch war zu dieser Zeit Turnen der Nationalsport. Fußball wurde als "undeutsch" und als "englische Krankheit" abgetan. Der deutsche Gymnasiallehrer Konrad Koch brachte seinen Schülern, trotz Widerstandes der Turnvereine, einen Fußball mit. Diese waren begeistert und so entwickelte sich Fußball als Schulspiel in vielen höheren Lehranstalten. Für viele Schüler war Fußballspielen eine Alternative zum militärischen Drill der Turnübungen.

Trotz der Turnvereine setzte sich Fußball in allen Gesellschaftsschichten durch. In den 1890er Jahren wurden zahlreiche Vereine gegründet und 1900 wurde schließlich der Deutsche Fußball-Bund (DFB) in Leipzig gegründet.

Fußball Regeln einfach erklärt - das solltest du wissen!

Im Fußball geht es darum, bis Ende des Spiels mehr Tore zu erzielen als der Gegner.

In einem Fußball Spiel treten 2 Mannschaften mit je 11 Spielern gegeneinander an. Pro Spiel und Mannschaft können 5 Spieler ausgewechselt werden.

Das Spiel dauert insgesamt 90 Minuten und wird auf 2 Halbzeiten zu je 45 Minuten unterteilt. Die Halbzeitpause beträgt 15 Minuten.

Durch Unterbrechungen des Spiels, durch Verletzungen, Auswechslungen und Regelverstöße kommt es am Ende jeder Halbzeit zur Nachspielzeit.

Bei Turnier- oder Pokalspielen muss es am Ende der Spielzeit einen eindeutigen Sieger geben. Falls es nach 90 Minuten immer noch unentschieden steht, gibt es eine Verlängerung mit zwei Halbzeiten, je 15 Minuten. Wenn es dann immer noch keinen Sieger gibt, wird das Spiel durch Elfmeterschießen entschieden.

Das Tor zählt erst, wenn der Ball die Torlinie vollständig überquert hat. Wenn der Ball auf der Linie von dem Torwart gefangen wird, zählt dies nicht als Tor.

Wichtig: Nur der Torwart darf den Ball mit den Händen spielen. Dies allerdings auch nur innerhalb seines eigenen Strafraums.

So läuft das Spiel ab

Der Münzwurf vor dem Spiel entscheidet, welche Mannschaft auf welches Tor spielt. Die andere Mannschaft macht den Anstoß in der Mitte des Spielfeldes. In der zweiten Halbzeit beginnt die Mannschaft, die zuvor nicht den Anstoß gemacht hat.

Wird ein Tor erzielt, erhält die Mannschaft, die das Tor nicht erzielt hat, den Ball und muss den Anstoß durchführen um das Spiel fortzusetzen.

Wenn der Ball im Aus ist, bekommt der Gegner den Ball. Der Ball ist erst im Aus, wenn der Ball die Aus-Linie vollständig überquert hat.

Wenn der Ball an der Seitenlinie ins Aus geht, gibt es einen Einwurf. Wenn der Ball an der Torlinie ins Aus geht, kommt es darauf an, welcher Spieler den Ball zuletzt berührt hat. War der Gegner zuletzt am Ball, hat der Torwart den Abstoß. Hat jedoch der Mitspieler den Ball ins Aus gekickt, bekommt der Gegner den Eckstoß.

Bei Regelverstößen ("Fouls") wie Schlagen, Beinstellen, Festhalten, Handspiel oder gefährliches Spiel kann der Schiedsrichter auf Freistoß entscheiden. Fand das Foul im Strafraum statt und hat eine Torchance verhindert, gibt es Elfmeter. Darüber hinaus kann es für den Spieler, der das Foul begangen, hat eine gelbe oder rote Karte geben.

Eine gelbe Karte bekommt der Spieler für wiederholtes Foulspiel. Wenn er dann weiterhin unvorsichtig spielt, was zu weiteren Fouls führt, bekommt der Spieler noch eine gelbe Karte gezeigt, gefolgt von einer roten Karte ("gelb-rot").

Wenn der Spieler eine rote Karte bekommt, muss er für den Rest des Spiels den Platz verlassen und darf nicht ausgewechselt werden. Für ein grobes Foul kann der Spieler auch direkt eine rote Karte bekommen ohne davor mit gelb vorbestraft zu sein.

Abseits einfach erklärt

Die Abseitsregel ist eine der schwierigsten Regeln im Fußball. Viele Fußballinteressierte stellt es vor eine große Herausforderung die Abseitsregel zu erklären, wir versuchen es mit einfachen Worten.

Abseits betrifft die Situation, in welcher die Angreifer den Ball in der gegnerischen Spielfeldhälfte passen.

In dem Augenblick, in dem der Pass abgegeben wird, darf der Spieler, der den Ball bekommen soll, nicht näher am gegnerischen Tor stehen als der letzte gegnerische Feldspieler.

Es ist kein Abseits, wenn der Ball nach hinten, also weg vom gegnerischen Tor gespielt wird, sowie bei einem Abstoß, einem Einwurf oder einem Eckstoß.

Das Fußball-Spielfeld – alle Abmessungen

Das Ausmaß und die Abmessungen von Fußballfeldern unterscheiden sich nicht nur zwischen den einzelnen Ländern, sondern auch innerhalb einer Liga.

Historisch betrachtet haben viele Längenangaben ihre Wurzeln im Mutterland des Fußballs, England, und wurden daher ursprünglich in Yards angegeben. Durch die anschließende Umrechnung auf das metrische Maß kamen etliche krumme Zahlen zustande, die im Fußball bis heute Gültigkeit besitzen. So beträgt die Entfernung vom Elfmeterpunkt zur Torlinie gar nicht exakt 11 Meter und der 16-Meter-Raum ist eigentlich etwas länger.

Die Maße eines Fußball-Spielfeldes

Der DFB gibt in seinen Leitlinien vor, dass das Spielfeld rechteckig sein muss und bei nationalen Spielen zwischen 45 und 90 Meter breit bzw. zwischen 90 und 120 Meter lang sein kann. Gemäß dieser Vorgabe könnte das Fußballfeld mit Abmessungen von beispielsweise 90 x 90,01 Meter annähernd quadratisch sein, was jedoch eine vernünftige Bewegung der Spieler und des Balls verhindern würde. Ein Fußballfeld verfügt daher über eine Mindestgröße von 4050 Quadratmeter und höchstens über 10800 Quadratmeter. Laut UEFA- bzw. FIFA-Richtlinien ist eine Breite zwischen 64 und 75 Meter und eine Länge zwischen 100 und 110 Meter vorgeschrieben. Die beiden Verbände haben sich jedoch auf eine Norm von 68 x 105 Meter geeinigt, die sich aufgrund der umlaufenden 400-Meter-Bahn ergibt. Diese Fußballfeld Maße sind demzufolge bei Europapokal- bzw. Länderspielen anzuwenden. Üblicherweise sind Verkleinerungen des Spielfeldes auf die vorgeschriebene Größe vor internationalen Spielen für die Vereine kein großes Problem. Deutlich mehr Schwierigkeiten kann dagegen eine verpflichtende Fußballfeld-Vergrößerung verursachen.

Im Außenbereich des Spielfeldes muss ausreichend Fläche für Ersatzspieler, Schiedsrichterassistenten, Ballkinder, medizinische Betreuer, Vertreter der Medien usw. vorhanden sein. Die FIFA empfiehlt dabei 8,5 Meter an den Seitenlinien sowie 10 Meter hinter den Toren. Die Technische Zone oder Coaching-Zone ist eine rechteckige Fläche außerhalb des Fußballfeldes vor den jeweiligen Betreuerbanken. Ihre Größe kann sich je nach den lokalen Gegebenheiten am Austragungsort bzw. dem jeweiligen Fußballfeld unterscheiden. Allgemein gilt jedoch, dass sie auf jeder Seite des Sitzbereiches der Betreuerbank einen Meter hinaus- und bis auf einen Meter an die Seitenlinie heranragen soll. Ebenfalls im Außenbereich befinden sich die für den professionellen Fußball so wichtigen Werbebanden. Der Abstand zwischen ihnen und den Seitenlinien sollte dabei 5 Meter betragen.

Der Elfmeterpunkt

Der Elfmeterpunkt spielt beim Fußball eine ganz besondere Rolle und ist somit eine der wichtigsten Markierungen am Spielfeld. Er hat seinen Ursprung in Irland, wo 1891 festgelegt wurde, dass ein Strafstoß von einer Entfernung von 12 Yards zur Torlinie ausgeführt wird. Diese Anzahl an Yards entspricht einer Länge von exakt 10,973 Metern, was ziemlich genau 11 Metern gleichkommt. Zur geometrischen Herleitung des Elfmeterpunktes wird der Torraum gedanklich über das unmarkierte Fußballfeld parallel zur Seitenlinie bis zur Strafraumgrenze verlängert. Danach werden zwei Diagonalen zur jeweils anderen Ecke des Torraums konstruiert. An jenem Punkt, an dem sich die beiden Diagonalen treffen, befindet sich die Strafstoßmarkierung, von wo aus der Fußball bei einem Elfmeter auf das Tor geschossen wird. Die Entfernung zwischen dem Elfmeterpunkt und dem Tor- bzw. dem Strafraum beträgt schließlich 5,50 Meter. Kurios: Im Jahr 2006 fanden sechs Spiele der Schweizer Super League im Berner Stadion Stade de Suisse statt, bei denen der Elfmeterpunkt unbemerkt bei 10 statt 11 Metern Torentfernung lag.

Der Straf- bzw. Torraum eines Fußballfeldes

Der Strafraum, der beim Fußball auch als 16-Meter-Raum bekannt ist, ist eigentlich 16,50 Meter lang und 40,32 Meter breit. Er befindet sich am Fußballfeld direkt vor den beiden Toren und hat eine Fläche von exakt 665,28 Quadratmetern. Seine Breite wird dabei von den Innenkanten der Torstangen gemessen und beträgt bis zum linken und rechten Rand des Strafraumes jeweils 16,50 Meter (bzw. 18 Yards). Während der Strafraum bis zum Jahr 1896 eine runde Form hatte, ist er seither zwingend rechteckig. Außerhalb des Strafraums befindet sich ein Bogen eines Kreises, der einen Radius von 9,15 Meter (bzw. 10 Yards) und als Mittelpunkt die Elfmetermarkierung hat. Seine Fläche beträgt 37,31 Quadratmeter. Jener Teil des Kreises, der sich auf dem Spielfeld innerhalb des Strafraums befindet, ist nicht gekennzeichnet, da er beim Fußball keine Bedeutung hat.

Der rechteckige Torraum oder Fünf-Meter-Raum befindet sich am Fußballfeld innerhalb des Strafraums und markiert ebenso eine Fläche direkt vor den Toren. Er ragt 5,50 Meter in das Spielfeld hinein und ist 18,32 Meter breit (100,76 Quadratmeter).

Das Tor und die Torlinie

Egal, ob auf der Straße, dem Bolzplatz oder in der Champions League - ohne Tore kann kein Fußball gespielt werden. Doch was sind die offiziellen Maße?

Es ist das ultimative Ziel für jeden Fußballer, den Ball ins Tor zu schießen. Manchen fällt es leichter, andere kommen nur selten in den Genuss. Was für alle gleich ist, ist allerdings die Größe des Tores.

Wie groß ist ein Fußballtor?

Je besser der Torhüter ist, desto kleiner kommt uns das Tor oft vor, dabei ist es auf jedem offiziellen Fußballplatz exakt gleich groß. Die offiziellen Regeln des Fußballweltverbands FIFA verlangen Tore mit einer Höhe von 2,44 Metern und einer Breite von 7,32 Meter.

Die Breite wird dabei von den Innenseiten der Torpfosten gemessen. Die Höhe bezieht sich auf den Abstand von der Unterkante der Latte bis zum Boden.

Ein Torhüter muss also eine Fläche von 17,86 Quadratmetern verteidigen. Auf dieser Fläche würden über 350 Bälle gleichzeitig (!) ins Tor passen.

Höhe und Breite sind nicht die einzigen Vorgaben, die das Gehäuse einhalten muss, um offiziell als Tor anerkannt zu werden. Die Pfosten müssen nämlich entweder quadratisch, rechteckig, rund oder elliptisch sein - und vor allem ungefährlich!

Um die Sicherheit für Spieler zusätzlich zu gewährleisten, müssen Tore fest im Boden verankert sein, damit sie nicht umkippen. Auch die Netze müssen ausreichend gesichert sein und dürfen den Torhüter nicht behindern. Die Torlinie muss außerdem so breit sein wie die Pfosten, jedoch höchstens zwölf Zentimeter.

Was passiert, wenn ein Tor kaputt geht?

Moderne Fußballtore aus Aluminium gehen im Vergleich zu den alten Holztoren nur noch selten kaputt. Sollte eine Latte oder ein Pfosten während des Spiels brechen, ist allerdings klar geregelt, wie fortzufahren ist.

Das Spiel wird so lange unterbrochen, bis das Tor einwandfrei steht, danach geht es mit einem Schiedsrichterball weiter. Ist das Tor nicht zu reparieren, muss das Spiel abgebrochen werden. Flexible Materialien wie Seile dürfen nicht als Ersatz dienen.

Falls Ihr Euch denkt, eine Regelung für kaputte Tore seien unnötig, solltet Ihr Euch mit den zwei nachfolgenden Geschichten aus der Geschichte des Fußballs vertraut machen.

Der "Torfall von Madrid"

Wir schreiben den 1. April 1998 - im Estadio Santiago Bernabeu ist alles angerichtet für das Champions-League-Halbfinale zwischen Real Madrid und Borussia Dortmund - bis zwei Minuten vor Anpfiff das Tor bricht!

Fans hatten den Zaun hinter dem Tor erklommen, welcher daraufhin umknickte und das daran befestigte Tor mitriss. Ein neues Tor vom Trainingsgelände musste also her - doch das dauerte ganze 76 Minuten.

Günther Jauch und Marcel Reif - die beiden Moderatoren, die das Spiel für das deutsche Fernsehen kommentierten - erhielten für ihre unterhaltsame Überbrückung der Zeit ("noch nie hätte ein Tor dem Spiel so gutgetan") den Fernsehpreis.

Der "Pfostenbruch vom Bökelberg"

Ein Spiel zwischen Borussia Mönchengladbach und Werder Bremen 1971 war der Auslöser, warum Tore fortan nicht mehr aus Holz gefertigt werden durften. Im Bundesligaspiel am Bökelberg fiel Werder-Stürmer Herbert Laumen ins Netz, worauf der linke Pfosten brach und das komplette Tor in sich zusammenklappte.

Nachdem das Tor einige Zeit lang nicht gerichtet werden konnte, entschied sich der Schiedsrichter zum Abbruch der Partie. Später erzählte Laumen: "Ich sah wie das Tor brach, bin dann in Deckung gegangen und lag schließlich wie ein Fisch im Netz."

Die Eckball-Markierung

Mit den Eckball-Markierungen wird beim Fußball festgelegt, von welchem Bereich ein Eckball ausgeführt werden darf. Dazu wird am Spielfeld an allen vier Ecken ein Viertelkreis mit einem Radius von einem Meter (Fläche: 0,78 Quadratmeter) gezeichnet.

Der Mittelkreis und Mittelpunkt

Das Fußballfeld wird von einer Mittellinie, die die beiden Seitenlinien miteinander verbindet, in zwei Hälften geteilt. Exakt in der Mitte der Mittellinie befindet sich der Mittelpunkt, von wo aus der Fußball zu Beginn eines Spiels in Bewegung gesetzt wird. Um den Mittelpunkt herum befindet sich der Mittelkreis, der einen Radius von 9,15 Meter und eine Fläche von 263,02 Quadratmeter hat.

Der Fußball

Der Fußball gilt als das beliebteste Spielgerät der Welt. Doch was zeichnet das runde Leder überhaupt aus?
Über die folgenden Jahrhunderte wurde das populäre Spielgerät stetig weiterentwickelt und perfektioniert, Beschaffenheit und Material immer wieder verändert.
Doch was macht heutzutage einen Fußball aus? Welche Bedingungen müssen erfüllt sein, damit die Bezeichnung "Fußball" zutrifft und wie viele Ecken hat ein Ball überhaupt?

Wie groß ein Fußball sein muss, hängt mitunter von den Richtlinien der jeweiligen Verbände sowie der Altersstufen ab.

Ganz allgemein gilt ein Fußball laut den Statuten der FIFA als regelgerecht, wenn folgende Bedingungen erfüllt sind:

Der Ball muss...

... kugelförmig sein.
... aus Leder oder einem anderen geeigneten Material hergestellt sein.
... einen Umfang von mindestens 68 cm und höchstens 70 cm vorweisen.
... zu Spielbeginn mindestens 410 Gramm und höchstens 450 Gramm wiegen.
... einen Überdruck von 0,6 bis 1,1 bar aufweisen.
Die genannten Vorgaben entsprechen laut FIFA der Ballgröße 5 - diese Größe kommt grundsätzlich bei A-, B-, und C-Junioren sowie bei Herren und Damen zum Einsatz. In jüngeren Jahren werden dagegen kleinere Bälle empfohlen und verwendet.

Wie viele Ecken hat ein Fußball?
Der klassische Fußball besteht aus 20 weißen Sechsecken und 12 schwarzen Fünfecken. Diese Form nennt sich aus geometrischer Sicht Ikosaederstumpf und wurde erstmals bei der Weltmeisterschaft 1970 eingeführt.

Bis heute gilt diese Form quasi als Standard, allerdings ist dies keine offizielle Vorgabe seitens der FIFA. Der Fußballweltverband gibt lediglich vor, dass der Ball - wie oben bereits erwähnt - kugelförmig ist.

Die unserer Meinung nach 10 besten Fußballstadien der Welt

Als Fußball-Fan fiebert man natürlich in erster Linie mit seinem Verein. Man hat die Fans, das Team, die Lieder - aber natürlich ist auch ein anderer Faktor ungemein wichtig: das Stadion. Denn nur in den richtigen Arenen kann Gänsehaut-Atmosphäre überhaupt erst entstehen!

1.Das Dortmunder Westfalenstadion

Das beste, eindrucksvollste und atmosphärischste Stadion der Welt steht für viele Leute tatsächlich in Deutschland - und zwar in Dortmund. Gerade erst hat der britische Telegraph die zehn besten Stadien Europas gekürt und auf Platz 1 war keine englische Spielstätte, sondern tatsächlich der Westfalen-Tempel in Dortmund. Mit seinen gewaltigen Rängen, die die Fan-Gesänge und das Treiben der Fans mit gigantischer Lautstärke auf den Rasen zurückwerfen, ist es mehr als eindrucksvoll. Und die sogenannte "gelbe Wand", die Dortmunder Südkurve, ist bei Gegnern des BVB fast ebenso gefürchtet wie das Team auf dem Rasen.

2.Das Liverpooler Anfield

Schon bevor Jürgen Klopp im Jahr 2015 Cheftrainer des FC Liverpool wurde, den Verein zum Meistertitel führte und zum Gewinner der Champions League machte, war das Anfield legendär - und zwar nicht nur für britische Fußballfans. Das Stadion gilt als wahre Fußballkathedrale.

3.Das Mailänder Giuseppe-Meazza-Stadion

Das auch "San Siro" genannte Stadion ist nicht nur die größte Fußballspielstätte Italiens (noch vor dem Olympiastadion in Rom), sondern auch Heimspielstätte der beiden großen Mailänder Clubs AC Mailand und Inter Mailand. Es hat rund 80.000 Plätze und gilt als eines der wenigen spektakulären Spielstätten Italiens. Das riesige Glasdach wird von vier Türmen getragen - und das ist durchaus beeindruckend.

4. Estadio Santiago Bernabéu, Madrid

Das Bernabéu-Stadion ist das Wohnzimmer eines der erfolgreichsten Fußballvereine der Welt: Real Madrid. Der britische Telegraph schrieb, ein Besuch im Estadio Santiago Bernabéu (benannt nach dem langjährigen Präsidenten Santiago Bernabéu) fühle sich an wie ein Besuch in der Oper - und das passt auch zu den erfolgsverwöhnten Fans des Vereins, die sich durchaus etwas divenhaft geben, wenn es bei den Königlichen mal nicht ganz so rund läuft.

5. Maracanã, Rio de Janeiro

Das berühmte Maracanã wurde 1950 in Rio de Janeiro erbaut und fasste damals fast 200.000 Zuschauer - damit war es seinerzeit das größte Fußballstadion der Welt. In der Zwischenzeit ist es einige Male umgebaut worden und fasst nun "nur" noch knapp 80.000 Menschen - zu den spektakulärsten Spielstätten der Erde gehört es dennoch. In der legendären Schüssel erzielte der brasilianische Weltfußballer Pelé übrigens das 1000. Tor seiner Karriere.

6. Old Trafford, Manchester

1910 wurde das Old Trafford eröffnet, die Heimat von Manchester United. Das sogenannte "Theatre Of Dreams" (so genannt vom ehemaligen United-Spieler Bobby Charlton) hat damit eine mehr als 100-jährige Geschichte. Der Besuch im Old Trafford, so schreibt es der Telegraph, habe stets etwas Magisches. Ohne Frage ist das Old Trafford eine der geschichtsträchtigsten und legendärsten Fußballspielstätten der Welt.

7. Aztekenstadion, Mexiko-Stadt

Mexiko mag fußballerisch nicht sonderlich viel bewegt haben, doch das Aztekenstadion in der mexikanischen Hauptstadt Mexiko-Stadt ist eine spektakuläre Spielkulisse - und das nicht nur, weil es der häufigste Austragungsort von WM-Spielen ist (19 Mal). Das Stadion ist die Heimat der Fußballvereins Club América und CD Cruz Azul. Geschichte geschrieben hat das Aztekenstadion aber auch, weil Diego Maradona hier 1986 das Tor des Jahrhunderts gegen England geschossen hat.

8. Camp Nou, Barcelona

Das größte Stadion Europas steht in Barcelona und ist der Austragungsort für sämtliche Heimspiele des FC Barcelona, sprich Superstars wie Frenkie de Jong, Piqué, Sergio Busquets und des Deutschen Marc-André ter Stegen. Ein absoluter Fußballtempel.

9. La Bombonera, Buenos Aires

Offiziell heißt das berühmte Stadion in der argentinischen Hauptstadt Buenos Aires "Estadio Alberto Jacinto Armando", aber niemand nennt es so. La Bombonera heißt auf Deutsch "Die Pralinenschachtel", was von der rechteckigen Form des Stadions herrührt. Das Stadion ist Austragungsort der Heimspiele des Fußballklubs CA Boca Juniors, wo auch Maradona gespielt hat.

10. Wembley-Stadion, London

Irgendwie denkt man bei Wembley häufig zuerst an Tennis - zumindest als Deutscher. Das hängt sicher mit der Boris-Becker-Ära zusammen, dabei hat das Wembley-Stadion auch fußballerisch einiges zu bieten. Es fasst nicht nur 90.000 Zuschauer, sondern ist auch das Nationalstadion der englischen Fußballnationalmannschaft. Dieses neue Wembley-Stadion wurde erst im Jahr 2007 in Betrieb genommen und ist somit das jüngste Stadion dieser Top 10. Einen Besuch wert ist es aber immer.

Fußball in ZAHLEN

Welcher Fußballverein hat die meisten Fans?

Es ist schwer zu ermitteln, dennoch gibt es einige Statistiken. Allein in Deutschland gibt es in der ersten und zweiten Bundesliga insgesamt 36 Mannschaften, die treue Fans haben.

Deutsche Vereine und ihre Fans

FC Bayern München: Laut der Homepage des Vereins ist Bayern München mit über 290.000 Mitgliedern der mitgliederstärkste Verein der Welt. Die Zahl der gesamten Stadionbesucher in der Saison 2021/22 beläuft sich auf über 562.000. Die Allianz Arena hat bei Vollauslastung eine Kapazität von 75.000.

Borussia Dortmund: Etwa 160.000 Mitglieder zählt der Verein und liegt somit deutlich unter Dauerkonkurrent FC Bayern München. Geht man jedoch vom Durchschnitt der Zuschaueranzahl aus, so besuchten deutlich mehr Fans den heimischen SIGNAL IDUNA PARK als die Allianz Arena: letzte Saison zählte der BVB circa 700.000 Fans im ehemaligen Westfalenstadion. Die Kapazität liegt bei 81.000.

FC Schalke 04: Auch Lokalrivale Schalke zählt etwa 160.000 Mitglieder. In der vergangenen Saison haben etwa 570.000 Fußballfans die VELTINS-Arena besucht. Insgesamt haben über 46.000 Fans im Stadion Platz.

1. FC Köln: 120.000 Mitglieder und knapp über 540.000 Zuschauer im Rhein-Energie-Stadion in der vergangenen Saison zählt der 1. FC Köln. Die Kapazität liegt bei 50.000.

Eintracht Frankfurt: Der Europapokalsieger 2022 zählt etwa 100.000 Mitglieder. In der Saison 2021/22 fanden sich 450.000 Zuschauer im Deutsche Bank Park ein. 51.500 Plätze gibt es im Frankfurter Stadion.

Beliebte Fußballvereine weltweit

Auch im internationalen Bereich gibt es eine Vielzahl an Fußballvereinen, die sehr erfolgreich und beliebt sind. Die fünf mitgliederstärksten Vereine außerhalb von Deutschland seht ihr hier:

Benfica Lissabon: Auch die Portugiesen überbieten den mitgliederstärksten Verein FC Bayern München nicht, kommen der Mitgliederzahl mit 250.000 aber im weltweiten Vergleich am nächsten.

CA Boca Juniors: Der argentinische Verein Club Atlético Boca Juniors zählt knapp über 213.000 Mitglieder. Heimat des Vereins ist der Stadtteil La Boca in Buenos Aires.

São Paulo FC: Der brasilianische Fußballverein gehört mit fast 152.000 Mitgliedern unter die beliebtesten Vereine weltweit an den Vereinsmitgliedern gemessen.

Manchester United: Der englische Rekordmeister mit 20 Meistertiteln hat insgesamt 150.000 Vereinsmitglieder. Der wohl bekannteste Spieler dort ist der Stürmer Cristiano Ronaldo.

CA River Plate: Der Club Atlético River Platz kommt genau wie CA Boca Juniors aus Buenos Aires. Derzeit zählt er 146.000 Mitgliedschaften.

Eindeutige Zahlen kann man nicht vergleichen, da man dazu alle Fußballinteressierten weltweit befragen müsste. Geht man allerdings von Mitglieder- oder Stadionbesucherzahlen aus, so werden die Ergebnisse eindeutig. Welcher Verein die besten Fans hat, kann somit auch nicht gemessen werden. Grundsätzlich gilt aber: jeder Verein hat Höhen und Tiefen und treue Fans, die auch hinter potentiellen Abstiegskandidaten stehen. Der 1. FC Nürnberg beispielsweise ist bekannt für seine leidensfähigen Fans.

Eine ganz andere Hausnummer hingegen sind die Social-Media-Zahlen der europäischen Topklubs. Die kann man sehr wohl miteinander vergleichen und ein klares Ranking bilden!

Top 10: Die Klubs mit den meisten Social-Media-Fans

Die Topklubs Europas sind natürlich nicht nur auf dem Spielfeld präsent, sondern mittlerweile auch richtige Renner im Social-Media-Bereich. Nachfolgend die 10 Klubs mit den meisten Fans in den sozialen Medien.

1	Real Madrid Primera División	**226.419.777** Follower
2	FC Barcelona Primera División	**219.505.574** Follower
3	Manchester United Premier League	**135.981.046** Follower
4	FC Chelsea Premier League	**87.339.824** Follower
5	FC Arsenal Premier League	**72.536.380** Follower
6	FC Liverpool Premier League	**70.851.754** Follower
7	Juventus Turin Serie A	**70.363.139** Follower
8	FC Bayern München Bundesliga	**70.359.476** Follower
9	Paris St. Germain Ligue 1	**69.454.786** Follower
10	Manchester City Premier League	**61.668.608** Follower

Tops & Flops der einflußreichsten Vereine Europas

Reichsten Teams

10. Juventus – 397,9 Millionen Euro

Die Verpflichtung von Ronaldo von Real Madrid im Jahr 2019 hat den Kassen des italienischen Klubs Juventus wirklich geholfen. Der beliebteste Sportler der Welt - Cristiano Ronaldo - bedeutet eine größere Markenpräsenz und einen großen Schub beim Warenverkauf, dies und einen Sieg in der Serie A zum achten Mal in Folge im Jahr 2019.

Im Jahr 2020 bleibt Juventus der bestplatzierte von drei italienischen Vereinen in der reichen Liste, schafft es aber nur knapp unter die Top 10. Die Einnahmen gingen um 62 Millionen Euro zurück, als Covid-19 Chaos im italienischen Fußballkalender anrichtete.

Aber das Jahr 2021 war für Juventus noch trauriger. Schließlich verließ Cristiano Ronaldo die Mannschaft. Im Jahr 2022, macht ein unscheinbarer 5. Platz in der Serie A Sorgen um den Verein.

9. Tottenham Hotspur – 445,7 Millionen Euro

Ein guter Lauf in der Champions League und ein Umzug in das neue Stadion mit 62.000 Zuschauern haben dazu geführt, dass Tottenham Londons reichster Verein wurde, nachdem er 2019 einen Rekordumsatz verzeichnet hatte. 2020 rutschte Tottenham jedoch um einen Platz ab, da seine Einnahmen um 75 Millionen Euro zurückgingen. Während geschlossene Stadien wertvolle Einnahmen am Spieltag schmälerten. Ihre Rundfunkeinnahmen steigen auf gewaltige 276,7 Millionen Euro, aber ein geschlossenes brandneues Stadion hat die Sitzplatzeinnahmen sehr hart getroffen.

Die lange Abwesenheit von Teamleader Harry Kane im Jahr 2021 hat die Position des Teams in der Tabelle beeinträchtigt. Doch durch Zukäufe im Wintertransferfenster 2022 und Ambitionen, die auf das Erreichen der Champions League abzielen, könnten die Gewinne mittelfristig deutlich steigen.

8. Chelsea – 469,7 Millionen Euro

Durch die Unterstützung ihres milliardenschweren russischen Besitzers Roman Abramovich gehört Chelsea immer zu den Top-Ten-Klubs auf der Liste der Fußball-Reichen. 2019 rutschten sie um einen Platz ab, da die Einnahmen nahezu unverändert blieben, 2020 kletterte Chelsea um einen Platz, obwohl die Einnahmen um 43 Millionen Euro zurückgingen. Wie alle Premier League-Klubs litten sie stark unter den Turbulenzen von Covid-19.

Premier-League-Team Chelsea wurde Dritter in der englischen Division und hatte letztes Jahr einen sehr schlechten Lauf in der UEFA Champions League. Der Club hat einige massive Sponsorenverträge, darunter Nike und Yokohama Tyres, und eine treue Fangemeinde, die die Einnahmen stark hält.

Eine erstaunliche Saison 2020/21, einschließlich des begehrten Champions-League-Titels, sollte Chelsea im Jahr 2022 in die Reihen der Reichen führen.

7. Paris Saint-Germain 540,6 Millionen Euro

Frankreichs reichster Verein rückte 2020 auf Platz sieben. Paris Saint-Germain rutschte um zwei Plätze ab, da die Einnahmen um 95 Millionen Euro zurückgingen. PSG erlitt das gleiche Schicksal wie alle französischen Klubs und verlor durch den Abbruch der Ligue-1-Saison im April 2020 erhebliche Spieltags- und TV-Einnahmen. Der Großteil des Umsatzprofils von PSG stammte aus kommerziellen Deals. Die beiden größten Verträge sind mit Nike (Ausrüster der technischen Ausrüstung) und Emirates (Trikotsponsor).

Das Team dominiert in der Ligue 1, nimmt regelmäßig an der UEFA Champions League teil, aber es scheint ständig so, als ob etwas fehlt, um die stärkste Mannschaft in Europa zu werden. Die Frustration über die Transfers von Lionel Messi und Sergio Ramos wird immer wieder durch unlogische Niederlagen gegen eklatant schwächere Mannschaften angeheizt.

6. Manchester City – 549,2 Millionen Euro

Die Stadt hat gesehen, wie die Einnahmen in den letzten Jahren durch die Decke gegangen sind. Es wurde viel Geld in den Club investiert und ausgegeben, was sie mit reichlich silberner Kleidung belohnt hat. Die Einnahmen gingen im 2020 Jahr um 61 Millionen Euro zurück, aber Manchester City blieb der sechstreichste Klub der Welt.

Durchschnittlich 54.054 Fans zu Heimspielen und massive Sendeverträge und kommerzielle Verträge machen den größten Teil der Einnahmen aus. Der Ausrüster des technischen Trikots ist Nike und der Trikotsponsor ist Etihad Airways.

Am 27. November 2019 wurde bekannt gegeben, dass Silver Lake Management, eine in den USA ansässige PE-Gruppe, die hauptsächlich in Technologie investiert, eine Investition in Höhe von 500 Millionen Euro (388 Millionen Pfund) in Manchester City tätigt. Nach der Transaktion wird das Unternehmen eine 10-prozentige Beteiligung an der City Football Group besitzen. Dies ist der größte durch Private Equity finanzierte Fußballklub-Deal aller Zeiten.

Wichtig ist auch, dass mehr als die Hälfte der Einnahmen des Fußballvereins von Partnern abhängt, die Fußballmannschaft kooperiert seit Anfang Sommer 2018 mit dem Marathon Bet. Marathon Bet ist zu einem Schlüsselelement der Spiele von Manchester City für die Zuschauer sowohl im Etihad Stadium als auch auf der ganzen Welt geworden.

Solche Angebote motivieren Vereine aus den unteren Ligen, Sponsoringverträge mit Glücksspielunternehmen abzuschließen. Wer weiß, vielleicht können seriöse Casino ohne Anmeldung in Zukunft nicht nur den Spielern spannende Spiele bieten, sondern auch Fußballvereine sponsern.

5. Liverpool – 558,6 Millionen Euro

Der Ruhm der Champions League im Jahr 2019 und ein zweiter Platz in der heimischen Premier League bescherten Liverpool einen massiven Umsatzschub. Sie folgten 2020 und wurden 2020 zum ersten Mal seit drei Jahrzehnten Meister der Premier League.

Die Mannschaft von Jürgen Klopp kletterte im vergangenen Jahr von Platz sieben in die Top 5, obwohl der Umsatz um 46 Millionen Euro zurückging. Die Einnahmen aller Premier League-Klubs 2019-20 litten unter der Pandemie, die den Abschluss der Saison verzögerte.

Aber der zweite Platz in der Meisterschaft und die Anwesenheit von zwei Finalisten des Afrika-Cups 2022 machen dieses Team zu einem potenziellen Anwärter auf einen Platz unter den Top 3 der reichsten Fußballvereine der Welt.

4. Manchester United – 580,4 Millionen Euro

Die Red Devils bleiben der wohlhabendste Fußballverein in England, aber ihre düstere Leistung in Europa trifft die Finanzen hart. Der reichste Fußballverein der Welt im Jahr 2017 (und viele Jahre davor) ist um einen Platz auf den vierten Platz zurückgekehrt.

Im Jahr 2020 verloren sie 135 Millionen Euro, was einem Rückgang der Gesamteinnahmen um 19 % gegenüber dem Vorjahr entspricht. Im Vergleich zu ihrer schlechten Leistung auf dem Platz ist Manchester United immer noch eine Geldmaschine, sie können immer noch die großen Sponsorenverträge abschließen, die ihnen helfen werden, viele Jahre lang ganz oben auf der Liste der Reichen zu bleiben.

Allein durch den Erwerb von Cristiano Ronaldo im Jahr 2021 konnte die finanzielle Situation durch den Verkauf von Merch behoben werden.

Allerdings könnte der jüngste Greenwood Skandal die Sponsoring-Beziehungen des Vereins selbst beeinträchtigen.

3. Bayern München – 634,1 Millionen Euro

Die Giganten des deutschen Fußballs und Champions-League-Sieger der letzten Jahre haben Man United einen Platz zurückgeworfen und sind um einen Platz gestiegen, wodurch sie zum ersten Mal unter die ersten drei kamen.

Ihre unglaublich erfolgreiche Saison 19/20 trug zu einem Boom im Warenverkauf bei, der die bayerischen Giganten auf den zweiten Platz im Warenverkauf brachte. Die Einnahmen vom Champions-League Sieger Bayern München gingen um nur 26 Millionen Euro zurück, da ihr Champions-League Titel dazu beitrug, die großen TV-Zahlungen vor dem Ende ihres Geschäftsjahres zu kristallisieren. 75.354 Fans besuchen im Schnitt die Heimspiele der Bayern.

2. Real Madrid – 714,9 Millionen Euro

Die Blancos verloren 2020 den ersten Platz an den spanischen Rivalen Barcelona, aber 2020 schnitten sie viel besser ab. Real verlor nur 39 Millionen Euro mehr als 2019, während Barca 125 Millionen verlor!

Der 13-malige Europameister Real Madrid erwirtschaftete im vergangenen Jahr über 75 Millionen Euro mehr als jeder andere.

2019 oder 2020 gab es keinen europäischen Ruhm, aber der spanische Superklub profitiert von einem erheblichen Anteil an den TV-Einnahmen von La Liga, einigen sehr cleveren Kostensenkungen und großen Steigerungen im Merchandising.

Real Madrid ist auch der Verein mit den meisten Followern auf Facebook, Twitter und Instagram, was dazu beiträgt, die Einnahmen zu steigern. Real ist auch einer der 10 besten Fußballklubs in Europa.

Der königliche Club hat sich auf einen 25-Jahres-Vertrag mit dem amerikanischen Unternehmen Legends geeinigt, das Sportveranstaltungen organisiert.

Der Quelle zufolge wird diese Vereinbarung dem Club jährlich zwischen 400 und 440 Millionen Euro einbringen, indem verschiedene Veranstaltungen im neuen Santiago Bernabeu abgehalten werden.

Es wird darauf hingewiesen, dass Florentino Perez' Ziel darin besteht, den Wert von Real Madrid bis Ende 2025 auf 6-8 Milliarden Euro zu steigern.

1. Barcelona – 715 Millionen Euro

Der FC Barcelona erreichte 2020 nach einem gewaltigen Jahr 2019 die Nummer eins auf der Liste der Reichen und hat es geschafft, nach einem sehr schlechten Jahr 2020 an der Spitze zu bleiben.

Der Verein erlebte in letzter Zeit einige sehr öffentliche Turbulenzen mit der „Messi-Saga", einer Niederlage in der Champions League und dem verpassten La Liga-Titel.

Der Bericht hebt die schlimme Situation in den Kassen des Vereins hervor, die die Zahlung von Gehältern und den Kauf von Spielern zu einer Herausforderung macht. Einige der größten Namen im Fußball wie Messi und Suarez sehen, dass Barcelona auf der ganzen Welt gut unterstützt wird, was ihnen hilft, auf der Liste der Reichen ganz oben zu bleiben. Wie ihr Erzrivale Madrid hatte auch Barcelona eine enttäuschende Saison, während die englischen Superklubs das Gegenteil getan haben.

So hoch sind die Mega-Schulden von Barça, Milan, City, Real und Co.

1.51 Milliarden Euro – FC Chelsea

Jeder Fußball-Fan kennt ihn wohl. Den Chelsea-Besitzer Roman Abramovich. Der Russe kaufte den Verein 2003. Er pumpte unglaublich viel Geld in den Club und hievte ihn in Richtung nationale und internationale Spitze. Chelsea kaufte in den vergangenen Saisonen mehrere Top-Spieler unter anderem Kai Havertz und Timo Werner (mittlerweile wieder bei RP-Leipzig) für 80 beziehungsweise 53 Millionen Euro.

1.28 Milliarden Euro – Tottenham Hotspur

Im Februar 2001 übernahmen der Milliardär Joe Lewis und sein Partner Daniel Levy mit einer auf den Bahamas registrierten Tochterfirma ihrer Investmentfirma ENIC International Ltd. die Mehrheit an den Spurs. Der Ex-Club von José Mourinho, der vor einem Wechsel zu Valencia stehen soll, hat sich wohl vor allem mit dem Stadionneubau verschätzt. Die Kosten des neuen Stadions beliefen sich gemäß der «Gazzetta dello Sport» auf mehr als 1.4 Milliarden Euro.

1.173 Milliarden Euro – FC Barcelona

Dass die Katalanen hohe Schulden haben, ist bekannt. Über eine Milliarde Euro sind es gemäß übereinstimmender spanischer Medienberichte. Aktuell belasten Barcelona fast 200 Millionen Euro an ausstehenden Transferzahlungen an andere Vereine. Dennoch: Trotz einer Schuldenlast von über einer Milliarde Euro löste Barca laut «Forbes» mit rund 4.76 Milliarden Euro jüngst den Erzrivalen Real Madrid als wertvollsten Fußball-Club der Welt ab.

901 Millionen Euro – Real Madrid

Real-Präsident Florentino Peréz will die Superliga noch immer nicht recht aufgeben. Nicht anders sind seine Worte zu deuten. Und irgendwie sind sie auch verständlich, seine Sätze. So haben die Spanier laut «Gazzetta dello Sport» rund 900 Millionen Euro Schulden. Und dennoch geben die Madrilenen weiter Geld aus. Real Madrid hat in den vergangenen Saisonen immer wieder Top-Transfers gemacht unter anderem David Alaba oder Antonio Rüder, trotz ihres Hohen Verschuldungsgrades.

630.1 Millionen Euro – Inter Mailand

Trotz sportlicher Erfolge drücken den Top-Club mehr als 600 Millionen Euro Schulden. 2016 sicherte sich der chinesische Industriekonzern Suning Commerce für rund 270 Millionen Euro knapp 69 Prozent der Anteile.

528.6 Millionen Euro – Manchester United

Gemäß der «Gazzetta dello Sport» hat der englische Top-Club fast 530 Millionen Euro Schulden. 1999 versuchte der Medienmogul Rupert Murdoch den Club zu kaufen, 2003 stieg dann die US-Unternehmerfamilie Glazer ein. Malcolm Glazer übertrug ManUnited vor seinem Tod 2014 an seine sechs Kinder.

494.2 Millionen Euro – Atlético Madrid

Ja, auch Atlético hat hohe Schulden. Fast 500 Millionen Euro. In seiner schlimmsten Zeit häufte der Club 517 Millionen Euro Schulden an und kaufte trotzdem teure Stars wie den Kolumbianer Radamel Falcao. Atlético gehört deshalb zu einem der ersten Clubs, die die UEFA wegen des Verstoßes gegen die Financial-Fairplay-Regeln bestrafte. Und nicht nur das: Der Verein zahlte zwei Jahre lang einfach keine Steuern, nachdem er im Jahr 2000 aus der Ersten Liga abgestiegen war. Bis zu 171 Millionen Euro schuldete der Club den spanischen Steuerzahlern, mittlerweile stottert er das Geld ab. Etwas mehr als die Hälfte der Anteile gehören dem Sportmanager Miguel Ángel Gil Marín. Jeweils rund 20 Prozent gehören dem derzeitigen Präsidenten Enrique Cerezo und dem chinesischen Unternehmen Wanda Madrid Investment.

357.8 Millionen Euro – Juventus Turin

«Juventus-Präsident Andrea Agnelli hat uns monatelang ins Gesicht gelogen. Das ist eine Schande!» Das sagte YB-CEO Wanja Greuel im

Interview. Ähnliche Worte benutzte UEFA-Boss Aleksander Ceferin, als er über Agnelli sprach. Dem italienischen Top-Club Juventus Turin, der 2006 im Zuge eines Manipulationsskandals 2006 zwangsabgestiegen ist, drücken laut der «Gazzetta dello Sport» Schulden in der Höhe von 357.8 Millionen Euro. Die niederländische Investmentgesellschaft Exor besitzt fast zwei Drittel der Anteile. Zuletzt gelang Juve eine Reduzierung der Schulden um 27.4 Millionen Euro.

272 Millionen Euro - FC Liverpool

Als der FC Liverpool bekannt gab, dass man bei der Superliga teilnehmen werde, protestierten hunderte Fans vor dem Stadion. Und auch Coach Jürgen Klopp sowie mehrere Spieler sprachen sich klar gegen das Megaprojekt aus. «Ich mag es nicht und hoffentlich kommt es nicht dazu», so etwa James Milner. Klopp meinte: «Ich denke nicht, dass es eine großartige Idee ist. Ich mag die Tatsache, dass West Ham nächstes Jahr in der Champions League spielen könnte.» Die Folge: Die Reds zogen sich aus der Superliga zurück, der Club-Boss entschuldigte sich. Apropos Club-Boss. Das ist John W. Henry. 2010 kaufte New England Sports Ventures, heute Fenway Sports Group (FSG) den Club. Dem Konsortium gehört unter anderem auch der Baseball-Club Boston Red Sox.

200 Millionen Euro - Manchester City

Ja, auch der Club von Pep Guardiola steht in den Miesen. 200 Millionen Euro soll der Schuldenberg betragen. City gehört seit 2008 der City Football Group, an der zunächst zu 86,21 Prozent die Abu Dhabi United Group and Development (ADUG), also genau genommen das Königshaus des Emirates, sowie zu 13,79 Prozent die China Media Capital Football Holdings (CMC) beteiligt waren.

151.8 Millionen Euro - AC Milan

Die «Gazzetta dello Sport» schreibt von mehr als 150 Millionen Euro. Lange Zeit waren die Mailänder im Besitz von Silvio Berlusconi. Er übernahm 1986 mit seiner Holding Fininvest die Aktienmehrheit und war bis 2004 Präsident der Rossoneri. 2016 war jedoch Schluss. Der

Italiener verkaufte seine Anteile an eine chinesische Investorengruppe, 2018 übernahm eine US-amerikanische Investmentgesellschaft die Mehrheit. Doch aus dem Fußball-Geschäft raus ist Berlusconi nicht. Ihm gehört nun der AC Milan, wo unter anderem Mario Balotelli spielt. 2019 wurde die Milan wegen schwerwiegender Verstöße gegen die Regeln des Financial Fairplay der UEFA für die Europa League gesperrt.

125.4 Millionen Euro – FC Arsenal

Der Club des Schweizer Nati-Captain Granit Xhaka hat hohe Schulden. Der englische Top-Club soll gemäß der «Gazzetta dello Sport» fast 126 Millionen Euro in der Miese stehen. Der US-Milliardär Stan Kroenke stieg 2007 bei den Gunners ein, seit 2013 ist er Mehrheitseigentümer. Arsenal ist nicht der einzige Club von Kroenke. Ihm gehören etwa auch die Colorado Avalanche aus der NHL und die Denver Nuggets aus der NBA.

Superstars unter der LUPE

Die bestbezahlten Fußballspieler der Welt

Die zwei besten Fußballspieler der Welt haben ihren Platz auf der Rangliste getauscht. Beide tragen neue Trikots, doch das Gehalt bleibt in etwa beim Alten. Zusammen verdienen Cristiano Ronaldo und Lionel Messi voraussichtlich 235 Millionen US-$.

Den ersten Platz verteidigt Cristiano Ronaldo mit einem Bruttoeinkommen von 125 Millionen US-$ in der Saison 2021/22. 70 Millionen US-$ davon sind Gehalt und Bonus, die er für seine Rückkehr zu Manchester United eingefahren hat, wo er von 2003 bis 2009 zu drei aufeinanderfolgenden Premier League Titeln und einer Champions League Krone verholfen hat. Die restlichen 55 Millionen US-$ stammen von persönlichen Empfehlungen und Partnerschaften mit Marken wie Nike, Herbalife, Clear und seiner expandierenden CR7 Marke, die bereits Parfüm, Unterwäsche, Sonnenbrillen, Hotels, Fitnesscenter und vieles mehr im Portfolio hat. Nur drei andere Athleten verdienen gewerblich mehr Geld: Roger Federer (90 Millionen US-$), LeBron James (65 Millionen US-$) und Tiger Woods (60 Millionen US-$).

1.
CRISTIANO RONALDO,
125 MILLIONEN US-$
Team: Manchester United
Alter: 36
Gehalt: 70 Millionen US-$
Gewerblich: 55 Millionen US-$

2.
LIONEL MESSI,
110 MILLIONEN US-$
Team: Paris Saint-Germain
Alter: 34
Gehalt: 75 Millionen US-$
Gewerblich: 35 Millionen US-$

3.
NEYMAR, JR,
95 MILLIONEN US-$
Team: Paris Saint-Germain
Alter: 29
Gehalt: 75 Millionen US-$
Gewerblich: 20 Millionen US-$

4.
KYLIAN MBAPPE,
43 MILLIONEN US-$
Team: Paris Saint-Germain
Alter: 22
Gehalt: 28 Millionen US-$
Gewerblich: 15 Millionen US-$

5.
MOHAMED SALAH,
41 MILLIONEN US-$
Team: Liverpool
Alter: 29
Gehalt: 25 Millionen US-$
Gewerblich: 16 Millionen US-$

6.
ROBERT LEWANDOWSKI,
35 MILLIONEN US-$
Team: FC Barcelona
Alter: 33
Gehalt: 27 Millionen US-$
Gewerblich: 8 Millionen US-$

7.
ANDRES INIESTA,
35 MILLIONEN US-$
Team: Vissel Kobe
Alter: 37
Gehalt: 31 Millionen US-$
Gewerblich: 4 Millionen US-$

8.
PAUL POGBA,
34 MILLIONEN US-$
Team: Juventus Turin
Alter: 28
Gehalt: 27 Millionen US-$
Gewerblich: 7 Millionen US-$

9.
GARETH BALE,
32 MILLIONEN US-$
Team: Los Angeles FC
Alter: 32
Gehalt: 26 Millionen US-$
Gewerblich: 6 Millionen US-$

10.
EDEN HAZARD,
29 MILLIONEN US-$
Team: Real Madrid
Alter: 30
Gehalt: 26 Millionen US-$
Gewerblich: 3 Millionen US-$

Cristiano Ronaldo vs. Lionel Messi – wer ist besser?

Messi wurde zwischen 1991 und 2021 sechsmal WeltFußballer - Ronaldo „nur" fünf Mal. Ebenso konnte Messi den Ballon d'Or (ein bekannter Preis der französischen Fußball-Fachzeitung France Football für den besten Fußballer des Kalenderjahres) zweimal häufiger gewinnen. Auch bei weiteren Vergleichen ist Messi voraus: auf Vereinsebene hatte er mehr Spieleinsätze, erzielte mehr Tore, bereitete mehr Tore vor und gewann auch mehr Titel.

Wer sind die wertvollsten Spieler der Welt?

Der französische Fußballer Kylian Mbappé hatte zuletzt mit 160 Millionen Euro den höchsten Marktwert weltweit. Sein Wert erreichte vier Jahre zuvor, als er 2018 mit Frankreich die Weltmeisterschaft gewann, sogar 200 Millionen Euro. Der wertvollste Spieler nach Mbappé ist Erling Haaland (150 Millionen Euro). Der norwegische A-Nationalspieler steht bei Manchester City unter Vertrag.

Social-Media-Superstars

1		Cristiano Ronaldo Manchester United	**398.053.431** Follower
2		Neymar Paris St. Germain	**239.711.792** Follower
3		Lionel Messi Paris St. Germain	**212.769.885** Follower
4		Gareth Bale Los Angeles FC	**87.943.396** Follower
5		Mesut Özil Medipol Basaksehir	**78.029.356** Follower
6		Sergio Ramos Paris St. Germain	**75.929.823** Follower
7		Karim Benzema Real Madrid	**68.858.819** Follower
8		Gerard Piqué FC Barcelona	**56.687.848** Follower
9		Toni Kroos Real Madrid	**44.085.679** Follower
10		Mohamed Salah FC Liverpool	**43.556.532** Follower

Top 10 Transfers Sommer 2022

Das sind die 10 teuersten Fußball-Transfers des Sommers – Haaland und Lewandowski sind dabei, aber nicht an der Spitze.

Dieser Sommer hat dem europäischen SpitzenFußball viele spektakuläre Vereinswechsel beschert. Top-Stars wie Robert Lewandowski, Erling Haaland, Sadio Mané oder Raheem Sterling wechselten die Vereine und dabei oft auch die Ligen. Die teuersten Transfers waren sie aber nicht. Am häufigsten beteiligt an den Top-Transfers: die Klubs aus der finanzkräftigsten Liga, der englischen Premiere League. Aber auch die spanischen Spitzenvereine mischten mit – und auch die Bundesliga war beteiligt.

10. Gabriel Jesus – von Manchester City zu Arsenal London
Alter: 25
Position: Angriff
Preis: 52,2 Millionen Euro

9. Raheem Sterling – von Manchester City zum FC Chelsea
Alter: 27
Position: Angriff
Preis: 56,2 Millionen Euro

8. Lisandro Martinez – Ajax to Manchester United
Alter: 24
Position: Abwehr
Preis: 57,37 Millionen Euro

7. Richarlison – vom FC Everton zu Tottenham Hotspurs
Alter: 25
Position: Angriff
Preis: 58 Millionen Euro

7. Raphinha – von Leeds United zum FC Barcelona
Alter: 25
Position: Angriff
Preis: 58 Millionen Euro

5. Erling Haaland – von Borussia Dortmund zu Manchester City
Alter: 21
Position: Angriff
Preis: 60 Millionen Euro

4. Marc Cucurella - von Brighton zum FC Chelsea
Alter: 24
Position: Abwehr
Preis: 65 Millionen Euro

3. Matthijs de Ligt - von Juventus Turin zu Bayern München
Alter: 22
Position: Abwehr
Preis: 67 Millionen Euro

2. Darwin Nunez - von Benfica Lissabon zum FC Liverpool
Alter: 23
Position: Angriff
Preis: 75 Millionen Euro

1. Aurelien Tchouameni - vom AS Monaco zu Real Madrid
Alter: 22
Position: Mittelfeld
Preis: 80 Millionen Euro

ÜBER 1,3 MILLIARDEN EURO - Das sind die 10 teuersten Transfers der Fußballgeschichte!

Dass ein Spieler seine gesamte Karriere bei seinem Ausbildungsverein verbringt, ist heutzutage eine absolute Seltenheit. Die meisten Spieler wechseln bereits als Minderjährige zu großen Vereinen, um dort den nächsten Karriereschritt zu gehen. Allerdings gelingt dieses Scouting nicht immer. Oft müssen Vereine viel Geld für einen Spieler bezahlen, der schon ein internationaler Star ist. Für einen solchen Weltklassespieler legen die Top-Vereine in Europa absurde Summen auf den Tisch.

Die 10 Rekordtransfers der Fußballgeschichte

Name	Aufnehmender Verein	Ablöse	Jahr
Neymar	Paris Saint-Germain	222 Mio. Euro	2017
Kylian Mbappé	Paris Saint-Germain	180 Mio. Euro	2018
Ousmane Dembélé	FC Barcelona	140 Mio. Euro	2017
Philippe Coutinho	FC Barcelona	135 Mio. Euro	2018
João Félix	Atlético Madrid	127,2 Mio. Euro	2019
Antoine Griezmann	FC Barcelona	120 Mio. Euro	2019
Jack Grealish	Manchester City	117,5 Mio. Euro	2021
Cristiano Ronaldo	Juventus Turin	117 Mio. Euro	2018
Eden Hazard	Real Madrid	115 Mio. Euro	2019
Romelu Lukaku	FC Chelsea	113 Mio. Euro	2021

Top 10: Die erfolgreichsten aktiven Fußballer

Welche Fußballer haben die meisten Titel gewonnen? Unsere Liste zeigt die zehn erfolgreichsten aktiven Spieler und ihre Triumphe - etwa Meisterschaften, Pokalsiege und internationale Titel mit Vereins- und Nationalmannschaften. Auf den Plätzen sieben bis zehn sind gleich vier Fußballer gleichauf.

Platz 7: Thiago Silva, 33 Titel - Mit insgesamt 33 Titeln steht der brasilianische Innenverteidiger Thiago Silva auf dem siebten Rang der erfolgreichsten noch aktiven Fußballer. Zu seinen bedeutendsten Titeln gehören unter anderem ein Champions-League-Sieg mit dem FC Chelsea unter Trainer Thomas Tuchel sowie der Copa-América-Sieg 2019 mit Brasilien.

Platz 7: Karim Benzema, 33 Titel - Ebenfalls 33 Titel konnte Karim Benzema in seiner Karriere sammeln. Er ist zudem einer der wenigen Spieler, die fünf Mal die Champions League gewinnen konnten. Mit der französischen Nationalmannschaft konnte Benzema auch den Titel in der Nations-League-Saison 2020/2021 verbuchen.

Platz 7: Thiago Alcantara, 33 Titel - Während seiner Zeit beim FC Bayern holte Thiago Alcantara sieben Mal die deutsche Meisterschaft. Auch zwei Champions-League-Titel konnte der spanische Mittelfeldmann bereits feiern. Mit ebenfalls insgesamt 33 Titeln steht er auch auf Rang sieben der erfolgreichsten aktiven Fußballer.

Platz 7: Zlatan Ibrahimovic, 33 Titel - Kein Spieler auf dieser Liste konnte bei so vielen unterschiedlichen Vereinen Titel einfahren wie Zlatan Ibrahimovic. Bei insgesamt sechs verschiedenen Teams durfte er 33 Trophäen in die Luft stemmen. Auf einen Titel in der Champions League wartet der mittlerweile 40-jährige Schwede allerdings noch immer.

Platz 5: Sergio Busquets, 34 Titel - Der Mittelfeldakteur des FC Barcelona war Teil der legendären Mannschaft um Weltstar Lionel Messi. Neben acht spanischen Meistertiteln, sieben Titeln im spanischen Pokal und drei Champions-League-Siegen (allesamt für den FC Barcelona) stehen auch eine gewonnene Weltmeisterschaft und der Gewinn der Europameisterschaft auf dem Konto des Spaniers.

Platz 5: Cristiano Ronaldo, 34 Titel - Fünf Champions-League-Siege, Meisterschaften in England, Spanien und Italien sowie die Europameisterschaft 2016 konnte Cristiano Ronaldo bereits gewinnen.

Platz 3: Hossam Ashour, 37 Titel - Der Name Hossam Ashour ist vielen Fußballfans wahrscheinlich kein Begriff. Mit insgesamt 37 Titeln, alle mit dem ägyptischen Rekordmeister El Ahly Kairo, ist er allerdings einer der erfolgreichsten Fußballer aller Zeiten. Allein die ägyptische Meisterschaft konnte er 13-mal gewinnen.

Platz 3: Gerard Piqué, 37 Titel - Drei Champions-League-Siege, acht spanische Meisterschaften und sieben spanische Pokalsiege mit dem FC Barcelona, dazu ein weiterer Champions-League-Titel und eine englische Meisterschaft mit Manchester United und der Gewinn von Welt- und Europameisterschaft mit Spanien: Der Trophäenschrank von Gerard Piqué ist gut gefüllt.

Platz 2: Lionel Messi, 40 Titel - Lionel Messi, auch „La Pulga" genannt, konnte mit dem FC Barcelona jeden Titel im WeltFußball mehrfach gewinnen. Unter anderem vier Champions-League-Titel durfte der Argentinier feiern. 2021 klappte es auch endlich mit dem Sieg in der Copa América mit der argentinischen Nationalmannschaft. Insgesamt kommt Messi auf 40 Titel – landet damit aber nur auf Rang zwei der erfolgreichsten noch aktiven Fußballer.

Platz 1: Dani Alves, 42 Titel - Dass Lionel Messi nicht der erfolgreichste noch aktiven Fußballer ist, hat er seinem ehemaligen Teamkollegen Dani Alves zu verdanken. Der Brasilianer konnte sich in seiner langen Karriere bisher über 42 Titel freuen. Unter anderem drei Champions-League-Titel, zwei Copa-América-Gewinne und der Olympiasieg mit Brasilien, daneben viele Meisterschaften in Spanien, Italien und Frankreich stehen auf dem Konto des Rechtsverteidigers.

Titelchampions

Sieger und Finalgegner der Champions League

SAISON	SIEGER	FINALGEGNER	ERGEBNIS
21 / 22	Real Madrid	Liverpool	0 : 1 0 : 0
20 / 21	FC Chelsea	Man. City	0 : 1 0 : 1
19 / 20	FC Bayern München	PSG	0 : 1 0 : 0
18 / 19	FC Liverpool	Tottenham	0 : 2 0 : 1
17 / 18	Real Madrid	Liverpool	3 : 1 0 : 0
16 / 17	Real Madrid	Juventus Turin	1 : 4 1 : 1
15 / 16	Real Madrid	Atl. Madrid	6 : 4 n.E. 1 : 1
14 / 15	FC Barcelona	Juventus Turin	1 : 3 0 : 1
13 / 14	Real Madrid	Atl. Madrid	4 : 1 n.V. 1 : 1
12 / 13	FC Bayern München	Dortmund	1 : 2 0 : 0

Real Madrid überragt mit 14 Titeln das Ranking der Vereine mit den häufigsten Titelgewinnen in der UEFA Champions League sowie im Vorgängerwettbewerb Europapokal der Landesmeister. Mit deutlichem Abstand liegen die „Königlichen" vor dem italienischen Verein AC Mailand, dem Premier League-Club FC Liverpool und dem FC Bayern München.

Die Rangliste der Champions-League-Sieger

MANNSCHAFT	ANZAHL
Real Madrid	14
AC Mailand	7
Bayern	6
Liverpool	6
FC Barcelona	5
Ajax Amsterdam	4
Man. United	3
Inter Mailand	3
Chelsea	2
Nottingham	2

Sieger und Finalgegner der Europa-League

SAISON	SIEGER	FINALGEGNER	ERGEBNIS
21 / 22	Eintracht Frankfurt	Gl. Rangers	5 : 4 n.E. 1 : 1
20 / 21	FC Villarreal	Man. United	11 : 10 n.E. 1 : 1
19 / 20	FC Sevilla	Inter Mailand	3 : 2 2 : 2
18 / 19	FC Chelsea	Arsenal	4 : 1 0 : 0
17 / 18	Atletico Madrid	Ol. Marseille	0 : 3 0 : 1
16 / 17	Manchester United	Ajax Amsterdam	0 : 2 0 : 1
15 / 16	FC Sevilla	Liverpool	1 : 3 1 : 0
14 / 15	FC Sevilla	Dnjepr	2 : 3 2 : 2
13 / 14	FC Sevilla	Benfica	0 : 0 n.E. 0 : 0
12 / 13	FC Chelsea	Benfica	1 : 2 0 : 0

Sevilla überragt mit 6 Titeln das Ranking der Vereine mit den häufigsten Titelgewinnen in der EuropaLeague. Mit deutlichem Abstand liegen die Spanier vor dem italienischen Verein Inter Mailand, Atlethico Madrid, Valencia, Liverpool und Barcelona, die jeweils 3 Titel auf ihrem Konto haben.

Die Rangliste der Europa-League-Sieger

MANNSCHAFT	ANZAHL
Sevilla	6
Inter Mailand	3
Atl. Madrid	3
Valencia	3
Liverpool	3
FC Barcelona	3
Göteborg	2
Porto	2
Juventus Turin	2
Parma	2

FIFA-Weltrangliste

STAND VOM 25.08.2022

#	MANNSCHAFT	VORHER	+/-	PUNKTE
1	Brasilien	1.837	■	1.837
2	Belgien	1.821	■	1.821
3	Argentinien	1.770	■	1.770
4	Frankreich	1.764	■	1.764
5	England	1.737	■	1.737
6	Spanien	1.716	■	1.716
7	Italien	1.713	■	1.713
8	Niederlande	1.679	■	1.679
9	Portugal	1.678	■	1.678
10	Dänemark	1.665	■	1.665
11	Deutschland	1.658	■	1.658
12	Mexiko	1.649	■	1.649
13	Uruguay	1.643	■	1.640
14	USA	1.635	■	1.635
15	Kroatien	1.632	■	1.632

Skandale die der Fußball schrieb!

EM und WM: Die größten Skandale der Turniergeschichte

Egal ob Europameisterschaft oder Weltmeisterschaft: Zwischen Traumtore und Niederlagen mischen sich immer wieder handfeste Skandale und skurrile Begebenheiten.

Tragische Schicksale, kuriose Spiele und skurrile Fouls! Rund um die großen Turniere des internationalen MännerFußballs finden sich zahlreiche Geschichten, die abseits der Spielstände für Aufsehen sorgten. In unserer Zusammenfassung haben wir einige dieser Skandal-Begebenheiten aus den unterschiedlichsten Jahren zusammengestellt - mit Momenten, die die Fußballwelt im unmittelbaren Zusammenhang mit den Meisterschaften erschütterten oder auch einfach nur für verständnisloses Kopfschütteln sorgten.

WM 2014: Biss in die Schulter - Uruguays Stürmer Luis Suárez zeigt Zähne.

Bei der WM 2014 stand es in Brasilien gerade noch 0:0 zwischen Uruguay und Italien, als Uruguays Stürmer Luis Suárez zu einer denkwürdigen Aktion ansetzte. Er biss seinen italienischen Kontrahenten Giorgio Chiellini in der 79. Spielminute von hinten in die Schulter.

Es war nicht der erste Biss von Suárez.

Es war nicht das erste Mal, dass der Fußball-Profi seine Zähne auf dem Platz einsetzte. Schon 2010 und 2013 hatte er gegnerische Spieler gebissen.

EM 2016: Unfreiwillige Einblicke - bei den Schweizern fliegen die Fetzen

Unter dem Hashtag „Trikotgate" witzelte die Fußballgemeinde bei der EM 2016 im Netz über den massiven Ausrüstungsverschleiß der Schweizer Nationalmannschaft. Wegen eines Produktionsfehlers zerrissen im letzten Gruppenspiel gegen Frankreich mehrere Shirts der Marke Puma. Doch das war nicht die einzige Panne. Auch dem Ball von Adidas ging zwischendurch die Luft aus.

WM 1994: Mord in Kolumbien - Nationalspieler Andrés Escobar nach Eigentor erschossen!

Einer der tragischsten Skandale rund um die internationalen Fußballturniere dürfte wohl der Mord am kolumbianischen Abwehrspieler Andrés Escobar sein. Der damals 27-Jährige verursachte 1994 im WM-Spiel gegen die USA ein Eigentor, das zum Aus der Kolumbianer beitrug. Wenige Tage später wurde er dafür in seiner Heimatstadt Medellín erschossen. Schon während des Turniers sollen die Nationalmannschaft und ihr Trainer Morddrohungen erhalten haben, denn für die kolumbianische Drogen-Mafia ging es bei der WM um hohe Wettsummen. Sein Tod erschütterte Kolumbien.

Auch Escobars Mörder kam aus dem kriminellen Drogenmillieu. Nach dem Aus der Mannschaft flog der Abwehrspieler nach Medellín, um dort seine Verlobte Pamela zu heiraten - doch nur wenige Tage nach seiner Ankunft wurde er am 2. Juli 1994 mit sechs Schüssen vor einer Diskothek umgebracht. Zur Beerdigung des jungen Mannes versammelten sich rund 120.000 Menschen in den Straßen der Stadt. Bis heute erinnert man sich in Kolumbien an den "caballero del futbol", den Gentleman des Fußballs.

WM 1994: Doping-Skandal beim argentinischen "Goldjungen" - Das Aus für Diego Maradona.

Wenige Tage vor dem grausamen Mord in Kolumbien, sorgte 1994 noch ein anderer Vorfall für Aufregung! Das Comeback von Argentiniens Superstar Diego Maradona endete in einem Doping-Eklat. Nachdem er bereits 1991 wegen Kokainmissbrauchs für 15 Monate gesperrt worden war, wollte er die Albiceleste nun noch einmal zum WM-Sieg führen. Es lief gut für die Mannschaft und Maradona - bis zu dessen 91. Länderspiel.

Nach dem gewonnenen Gruppenspiel gegen Nigeria am 25. Juni 1994 bat man den damals 33-jährigen "Goldjungen" im amerikanischen Boston zum Dopingtest und wies am 30. Juni 1994 insgesamt fünf verbotene Substanzen nach. Eine spätere Untersuchung ergab, dass er den Aufputsch-Cocktail unwissentlich von seinem privaten Fitnesstrainer verabreicht bekommen hatte.

WM 1982: Der "Nichtangriffspakt von Gijon" - Taktisch, aber unsportlich!

Auf eine Partie StandFußball schienen sich die deutsche und die österreichische Nationalmannschaft am 25. Juni 1982 angeblich stillschweigend geeinigt zu haben! Beim WM-Vorrundenspiel in Spanien, das auch als "Schande von Gijon" in die Fußballgeschichte einging, spielten beide Teams ab dem Ende der ersten Halbzeit ganz offensichtlich ohne weitere Torambitionen. Nach dem ersten Tor ist Schluss.

Die taktische Überlegung dahinter, um weiter im Turnier zu bleiben, musste Deutschland gewinnen, die Österreicher durften maximal zwei Gegentore kassieren.

Algerien fliegt aus dem Turnier! Die Konsequenzen des "Nichtangriffpakts"!

WM 2006: Zinedine Zidane, der Rammbock - „Zizou" sieht rot.

Im Finale der WM 2006 fand zwischen Italiens Marco Materazzi und Frankreichs Zinedine Zidane ein folgenschwerer Dialog statt. Im bereits weit fortgeschrittenen Spiel stand es gerade 1:1, als Materazzi, Zidane am Trikot zog und die beiden sich ein kurzes Wortgefecht lieferten. Zidane entfernte sich zunächst, kehrte dann aber zurück, um Materazzi mit einem Kopfstoß gegen die Brust niederzustrecken.

WM 1962: Die "Schlacht von Santiago".

Als "unfairstes Turnier der Geschichte" wird die "Schlacht von Santiago" bezeichnet! Die WM-Vorrunden-Partie Italien gegen Chile am 2. Juni 1962 musste zahlreiche Male unterbrochen werden, weil es immer wieder zu Faustschlägen, Tritten, Ohrfeigen und weiteren Handgreiflichkeiten kam. Zwei italienische Spieler mussten sogar mithilfe der Polizei vom Platz verbannt werden. Das Match gewannen die Chilenen mit 2:0, Schiedsrichter Ken Aston verglich die Partie im Nachhinein mit einem Militärmanöver.

WM 1990: Spuck-Skandal in Italien - Rudi Völler bekommt was auf die Locken.

Deutschland und die Niederlande haben ein spezielles Verhältnis - zumindest im Fußball. Prägend für die ewige Feindschaft ist auch ein Vorfall am 24. Juni 1990. Da ging es im Mailänder Guiseppe-Meazza-Stadion um den Einzug ins WM-Viertelfinale. Seinen unrühmlichen Höhepunkt erreichte das Spiel schon in der 22. Minute: Frank Rijkaard foulte Rudi Völler, Schiedsrichter Juan Carlos Loustau zückte die Gelbe Karte. Daraufhin spuckte Rijkaard Völler kräftig ins lockige Haar und zog ihn später auch noch am Ohr.

Auf dem Weg Richtung Kabine legte der Holländer tatsächlich noch einmal nach, spuckte ein zweites Mal auf Völler.

EM 2004: Francesco Totti im Lama-Modus: Er bespuckte Christian Poulsen gleich mehrfach.

Frank Rijkaards Spuckattacke gegen Rudi Völler blieb nicht die einzige in der Historie der internationalen Großturniere. Als Italien bei der EM 2004 in der Gruppenphase auf Dänemark traf, spuckte Francesco Totti, Spielmacher und Superstar der Squadra Azzurra, dem Dänen Christian Poulsen gleich dreimal ins Gesicht und erwies seiner Mannschaft damit einen echten Bärendienst.

WM 1994: Steffan Effenberg zückt den Mittelfinger, adressiert an die eigenen Fans!

1994 mühte sich Titelverteidiger Deutschland im dritten WM-Vorrundenspiel trotz eines 3:0 Vorsprungs gegen Südkorea ab, bis es sogar nur noch 3:2 stand. Die rund 1000 deutschen Anhänger im Stadion machten in Stefan Effenberg den Sündenbock aus und sollen immer wieder "Effenberg raus" gerufen haben. In der 75. Minute wurde "Effe" dann tatsächlich ausgewechselt...

"Effe" zeigt den Mittelfinger und fliegt sofort aus der Nationalmannschaft!

Frustriert von der eigenen Leistung und der Reaktion der deutschen Anhänger ließ sich Stefan Effenberg nach seiner Auswechslung zur Geste hinreißen, die seine Karriere veränderte. Er zückte den Mittelfinger, adressierte an die eigenen Fans und flog aus dem Team. Heute undenkbar: Kein Fotograf und kein Kameramann hielt die Szene fest.

WM-Quali 2006: Die "Schande von Istanbul" - Türkei gewinnt und verliert doch.

Der 16. November 2005 ging in die Fußballgeschichte als "Schande von Istanbul" ein und ist in unserer Zusammenfassung eine Ausnahme. Das Spiel fand nicht bei einer WM oder EM statt, sondern diente der Qualifikation zur Fußball-Weltmeisterschaft 2006. Das Hinspiel konnte die Schweiz mit 2:0 gewinnen, im Rückspiel lieferten sich die beiden Nationalmannschaften einen hitzigen Kampf, den die Türkei mit 4:2 für sich entscheiden konnte. Obwohl die Türkei das WM-Qualifikationsspiel gewann, fuhr letztendlich die Schweiz zur Weltmeisterschaft nach Deutschland, weil die Auswärtstorregel griff.

Die Stimmung heizte sich in der Schlussphase der Partie allerdings derart auf, dass die Schweizer Spieler nach dem Schlusspfiff in die Kabine flüchteten. Türkische Anhänger hatten sie mit Gegenständen beworfen. Im Kabinengang kam es schließlich zu Angriffen von Sicherheitskräften und türkischen Ersatzspielern auf die Schweizer

Mannschaft. Es kam zu einer wüsten Schlägerei. Der Schweizer Stéphane Grichting wurde dabei so heftig in den Unterleib getreten, dass er in ein Krankenhaus eingeliefert werden musste.

EM 2012: Nicklas Bendtner zeigt seine Unterhose und bezahlt dafür teuer

Der Däne Niklas Bendtner ist bekannt für seine Aufreger und Provokationen und zeigt sich gerne äußerst freizügig. Bei der EM 2012 kommt es ihm allerdings teuer zu stehen, dass er die falsche Unterhose trägt. Nachdem er den Ausgleich gegen Portugal erzielte, präsentierte er mit hochgezogenem Trikot den Bund seiner Unterhose - damit machte er offensichtlich Werbung für das irische Wettunternehmen Paddy Power.

Auch beim gemeinsamen Jubel mit seinen Mitspielern ist die giftgrüne Unterhose deutlich zu sehen. Das Problem: Laut Wettbewerbsstatuten der UEFA ist Spielern bei einer EM oder WM jegliche Art von Werbung verboten. Damit handelte sich Bendtner eine Spielsperre und eine Geldstrafe von 100.000 Euro ein - die das Unternehmen immerhin übernahm.

WM 1974: Qualifikationsspiel ohne Gegner - Abpfiff nach wenigen Sekunden.

Politischen Protest vonseiten der Sowjetunion gab es im November 1973. Zur erfolgreichen WM-Qualifikation für 1974 fehlte den Sowjets nur noch ein letzter Sieg, den sie in Chile ergattern sollten. Im Vorfeld des Spiels erfolgte dort jedoch ein tödlicher Militärputsch gegen den sozialistischen Präsidenten Salvador Allende. Das Nationalstadion in Santiago, in dem auch das Qualifikationsspiel geplant war, wurde zum grausamen Internierungslager vermeintlicher Gegner des neuen Regimes. Weil die Bitte der UdSSR um einen neutralen Austragungsort von Chile und der FIFA abgelehnt wurde, boykottierten die Sowjets das Spiel. Chiles Team lief ohne Gegner auf, beendete die absurde Partie nach wenigen Sekunden mit einem Tor und fuhr 1974 zur WM.

WM-Quali 1990: Roberto Rojas wird von Feuerwerkskörper getroffen - oder doch nicht?

Im Fußball sind Chile und Brasilien Erzfeinde. Ein prägender Tag der Rivalität war der 3. September 1989. Da ging es in Rio de Janeiro um die Qualifikation für die Weltmeisterschaft in Italien. In der 67. Minute flog ein Feuerwerkskörper auf das Spielfeld und landete beim chilenischen Tormann Roberto Rojas. Der "Condor", wie er genannt wurde, ging sofort zu Boden und hielt sich den Kopf. Sein Gesicht war blutverschmiert, die Partie wurde abgebrochen. Doch schon bald kamen Zweifel an den Zusammenhängen auf - und das zurecht.

TV-Bilder zeigten letztendlich, dass der Feuerwerkskörper Roberto Rojas gar nicht getroffen hatte, die FIFA leitete eine Untersuchung ein und deckte auf, was wirklich geschehen war. Rojas stritt zunächst alles ab, erst ein Jahr später gab auch er zu, was die Untersuchung bereits ans Licht gebracht hatte. Mit einer Rasierklinge in seinem Handschuh hatte er sich im passenden Augenblick selbst verletzt, um einen Spielabbruch zu provozieren. Chile sollte so der Sieg am grünen Tisch zugesprochen werden, den das Team für die Zulassung zur WM in Italien gebraucht hätte. Die Konsequenz aus der Aktion: Rojas, Trainer Orlando Aravena und der chilenische Teamarzt Daniel Rodriguez wurden lebenslänglich gesperrt, Brasilien der Sieg der Partie zugesprochen und Chile auch die Teilnahme an der Qualifikation zur WM 1994 untersagt.

WM 1982: Harald „Toni“ Schumacher knockt Patrick Battiston aus.

Im Halbfinale der WM 1982 streckte der deutsche Torwart Harald „Toni“ Schumacher den Franzosen Patrick Battiston bei einem Zusammenprall brutal nieder. Der aus seinem Tor stürmende Schumacher krachte mit dem Becken gegen Battistons Kopf und brach seinem Gegenspieler dabei einen seiner Halswirbel an, schlug ihm zwei Zähne aus dem Mund und knockte den Franzosen aus, der erst im Krankenhaus wieder zu sich kam. Bis heute ist er nicht gut auf das Spiel zu sprechen.

Als Patrick Battiston im Krankenhaus zu sich kam, lief im WM-Halbfinale zwischen Deutschland und Frankreich noch die Verlängerung. Der Schwerverletzte ließ sich den Spielstand sagen - es stand 3:1 für Frankreich - und schlief dann ein. Als er wieder aufwachte, war Frankreich ausgeschieden. Deutschland erzielte zwei Tore und setzte sich schließlich im Elfmeterschießen durch. „Toni" Schumacher zeigte nur wenig Mitgefühl mit Frankreich und Battiston: „Unter Profis gibt es kein Mitgefühl, aber ich zahle dem Battiston seine Jacketkronen." Die spätere Entschuldigung nahm Battiston an.

WM 1986: Franz Beckenbauer, Uli Stein und die "Suppenkasper"-Affäre.

Franz Beckenbauer, "Lichtgestalt" des deutschen Fußballs, war 1986, als er in Mexiko seine erste Weltmeisterschaft als Nationaltrainer bestritt, noch ziemlich grün hinter den Ohren. Als "Schrotthaufen" bezeichnete er die Bundesliga kurz vor Turnierstart. Und von den Qualitäten seiner Mannschaft, mit der er das Finale der WM erreichte, hielt er herzlich wenig. Damit zog der "Kaiser" schnell den Unmut seiner Mannen auf sich. Besonders Torwart Uli Stein hatte unter Beckenbauer zu leiden, bis er konterte und Beckenbauer einen "Suppenkasper" nannte.

"Du bist derzeit der beste Torwart der Welt, aber hier kannst du nicht spielen", soll Beckenbauer zu seinem Ersatztorwart Uli Stein bei der WM in Mexiko gesagt und Toni Schumacher den Vorzug gegeben haben. Tief gekränkt trank Stein dann während des Turniers demonstrativ Bier in der Hotellobby und nannte Beckenbauer - er machte einst Werbung für Fertigsuppenhersteller Knorr - "Suppenkasper". Nach durchzechter Nacht mit drei seiner Mannschaftskollegen musste Stein die Heimreise nach Deutschland antreten - als einziger der vier Partygänger.

EM 2004: Mediale Hetzjagd auf Schiedsrichter Urs Meier.

Im Viertelfinale der EM 2004 kämpften die Engländer gegen Gastgeber Portugal - und eine Entscheidung von Schiedsrichter Urs Meier sorgte für ein enormes Nachbeben. In der 90. Spielminute stand es gerade 1:1, als Sol Campbell ein weiteres Tor für die Briten erzielte. Weil Schiedsrichter Meier allerdings eine vorausgegangene Interaktion von Campbells Teamkollegen John Terry mit dem portugiesischen Torhüter als Behinderung wertete, ließ er den Treffer nicht gelten.

Das Spiel endete in einem Elfmeterschießen, die Briten verloren - und Meier, der für seine Entscheidung von der Schiedsrichter-Kommission der UEFA recht bekam, wurde zum Sündenbock. Zahlreiche englische Boulevardmedien hetzten gegen den Schweizer, einige betitelten ihn beispielsweise als "Urs Hole", der die Nation um ihren Sieg gebracht hätte. Meier erhielt mehrere Tausend Hass-Emails und sogar direkte Morddrohungen via Telefon und Fax - auf Anraten der Polizei tauchte er nach seiner Rückkehr in die Schweiz zunächst für einige Zeit unter.

EM 2021: Entzug der Presseakkreditierung durch Russland.

Als einer der Austragungsorte der EM 2021* selektierte wiederum Russland, welche Medienvertreter überhaupt eine Akkreditierung für die dortigen Spiele erhalten sollen - der ARD-Mann Robert Kempe war nach einem "Hintergrund-Screening" nicht erwünscht. Kempe hatte zwar von der UEFA eine Zulassung erhalten, die russischen Behörden wiesen seinen Antrag jedoch ab. Der Journalist hatte in der Vergangenheit beispielsweise zu den komplexen Verbindungen zwischen dem russischen Staatskonzern Gazprom und der UEFA* recherchiert - das dürfte in Russland auf wenig Gegenliebe gestoßen sein. Nach massiven Protesten berichtete der WDR wenige Tage später, Kempe habe nun doch eine Zulassung für alle Spielorte erhalten.

EM 1988: Provokanter Siegerjubel von Ronald Koeman

Mit einem ziemlich geschmacklosen Torjubel sorgte der Niederländer Ronald Koeman bei der EM 1988 für einen Skandal und Unruhe im Fanblock. Am 21. Juni gewann das niederländische Team in Hamburg das Halbfinale gegen die Mannschaft der BRD um Kapitän Lothar Matthäus. 2:1 lautete der Endstand - die Niederländer durften sich über den Einzug ins Finale freuen.

Koeman, der zu den Torschützen des Spiels gehört hatte, tauschte nach dem Sieg das Trikot mit dem BRD-Spieler Olaf Thon - und wischte sich dann demonstrativ den Hintern damit ab. Damit zog er zwar den Zorn vieler Fans auf sich, offizielle Konsequenzen gab es aber keine. Die Niederländer gewannen wenig später das Finale gegen die Sowjetunion, und Koeman gab im Nachhinein zwar zu, dass die Trikot-Aktion vielleicht nicht ganz richtig gewesen sei - wirklich zu bereuen schien er sie aber nicht.

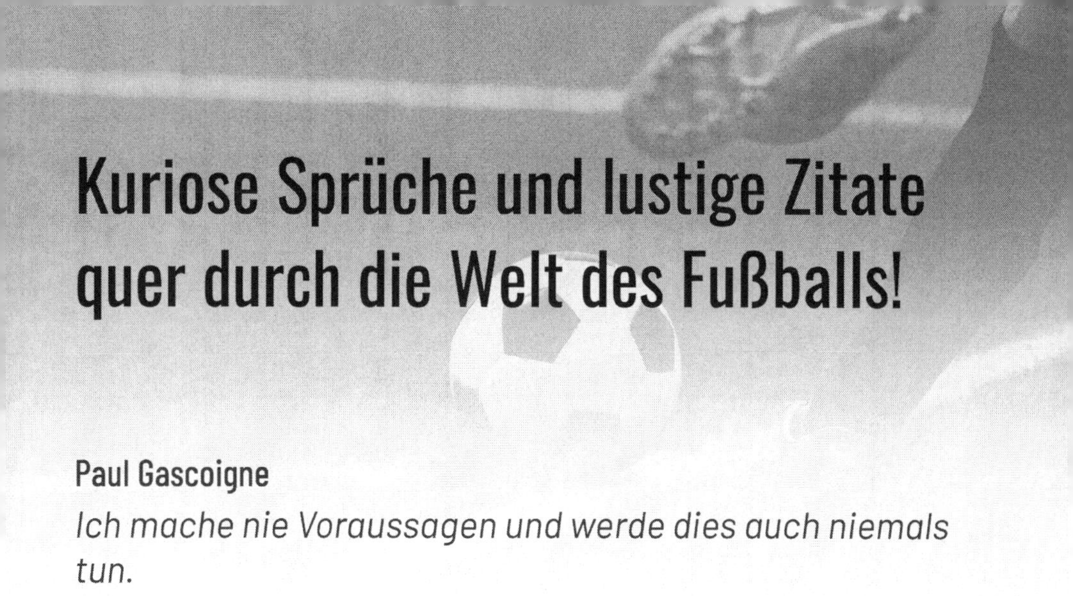

Kuriose Sprüche und lustige Zitate quer durch die Welt des Fußballs!

Paul Gascoigne

Ich mache nie Voraussagen und werde dies auch niemals tun.

Thomas Häßler

Ich bin körperlich und physisch topfit.

Thomas Häßler

Wir wollten in Bremen kein Gegentor kassieren. Das hat auch bis zum Gegentor ganz gut geklappt.

Hans Krankl

Wir müssen gewinnen, alles andere ist primär.

Mehmet Scholl (als werdender Vater)

Es ist mir völlig egal, was es wird. Hauptsache, ER ist gesund.

Olaf Thon

Die Ghanaer kochen - wenn überhaupt - auch nur mit Wasser.

Lothar Matthäus

Es ist wichtig, dass man neunzig Minuten mit voller Konzentration an das nächste Spiel denkt.

Berti Vogts (als Bundestrainer vor dem WM-Spiel gegen Kroatien)

Die Kroaten sollen auf alles treten, was sich bewegt - da hat unser Mittelfeld ja nichts zu befürchten.

Ron Atkinson

Ich wage mal eine Prognose: Es könnte so oder so ausgehen.

Giovanni Trappatoni

Fußball ist Ding, Dang, Dong. Es gibt nicht nur Ding.

Fritz Langner

Ihr Fünf spielt jetzt vier gegen drei.

Byran Robson

Würden wir jede Woche so spielen, wären unsere Leistungen nicht so schwankend.

Dieter Nuhr

Bei der Fußball-WM habe ich mir Österreich gegen Kamerun angeschaut. Auf der einen Seite Exoten, fremde Kulturen, wilde Riten und auf der anderen Seite Kamerun!

Mario Basler

Wenn der Ball am Torwart vorbei geht, ist es meist ein Tor.

Franz Beckenbauer

Am Ergebnis wird sich nicht mehr viel ändern. Es sei denn, es schießt einer ein Tor.

Mehmet Scholl

Die schönsten Tore sind diejenigen, bei denen der Ball schön flach oben rein geht.

Mario Basler

Das habe ich ihm dann auch verbal gesagt.

Lothar Matthäus

Ich hab gleich gemerkt, das ist ein Druckschmerz, wenn man drauf drückt.

Jürgen Wegmann

Zuerst hatten wir kein Glück, und dann kam auch noch Pech dazu.

George Best

Ich habe viel von meinem Geld für Alkohol, Weiber und schnelle Autos ausgegeben. Den Rest habe ich einfach verprasst.

Andreas Möller

Ich bin immer sehr selbstkritisch, auch mir selbst gegenüber.

Fritz Walter jun.

Der Jürgen Klinsmann und ich, wir sind ein gutes Trio. Ich meinte Quartett.

Andreas Möller

Mailand oder Madrid - Hauptsache Italien!

Thomas Hitzlsperger

Die Mannschaft erinnerte mich so ein bisschen an die SPD. Sie haben den Teamgeist heraufbeschworen, sich Mut zugesprochen und am Ende fehlten irgendwie 20 Prozent.

Roland Wohlfahrt

Zwei Chancen, ein Tor - das nenne ich hundertprozentige Chancenauswertung.

Jörg Dahlmann

Da geht er, ein großer Spieler. Ein Mann wie Steffi Graf.

Marcel Reif

Sollten Sie dieses Spiel atemberaubend finden, dann haben Sie es an den Bronchien.

Fredi Bobic

Man darf jetzt nicht alles so schlecht reden, wie es war.

Karl-Heinz Rummenigge

In letzter Konsequenz waren wir nicht konsequent genug.

Berti Vogts

Ich glaube, dass der Tabellenerste jederzeit den Spitzenreiter schlagen kann.

Lukas Podolski

Fußball ist einfach: Rein das Ding und ab nach Hause.

Eduard Geyer

Es muss eine Kehrtwende geben. Und die muss 360 Grad sein.

Gary Lineker

Fußball ist ein Spiel von 22 Leuten, die rumlaufen, und am Ende gewinnt immer Deutschland.

Gerd Rubenbauer

Die Achillesferse von Bobic ist die rechte Schulter.

Michael Ballack

Wir können so was nicht trainieren, sondern nur üben.

Heribert Faßbender

Die Polen darf man nicht unterschätzen. Diese Balkan-Kicker sind unberechenbar!

Horst Hrubesch

Wenn wir alle schlagen, können wir es schaffen.

Johannes B. Kerner

Halten Sie die Luft an, und vergessen Sie das Atmen nicht.

Marcel Reif (beim Länderspiel Deutschland-Ghana)

Die Spieler von Ghana erkennen Sie an den gelben Stutzen.

Rudi Völler

Zu 50 Prozent stehen wir im Viertelfinale, aber die halbe Miete ist das noch lange nicht!

Aleksander Ristic

Wenn man ein 0:2 kassiert, dann ist ein 1:1 nicht mehr möglich.

Eric Meijer

Nichts ist scheißer als Platz zwei.

Mehmet Scholl

Ich hatte noch nie Streit mit meiner Frau. Bis auf das eine Mal, als sie mit auf´s Hochzeitsfoto wollte.

Friedhelm Funkel

Wir dürfen nicht mehr Tore kassieren, als der Gegner schießt.

Uwe Klimaschewski

Meine Spieler können 50-Meter-Pässe spielen, 5m weit und 45m hoch.

Christoph Daum

Man muss nicht immer die absolute Mehrheit hinter sich haben, manchmal reichen auch 51 Prozent.

Otto Rehagel

Mal verliert man und mal gewinnen die anderen.

Horst Hrubesch

Ich sage nur ein Wort: Herzlichen Dank!

Toni Polster

Ich habe es mir sehr genau überlegt und dann spontan zugesagt.

Mario Basler

Jede Seite hat zwei Medaillen!

Jan-Aage Fjörtoft

Ob Felix Magath die Titanic gerettet hätte, weiß ich nicht. Aber die Überlebenden wären topfit gewesen.

Jan-Aage Fjörtoft

Der Trainer hatte nach den ganzen Ausfällen im Angriff nur noch die Wahl zwischen mir und dem Busfahrer. Da der Busfahrer seine Schuhe nicht dabei hatte, habe ich gespielt.

Richard Golz

Ich habe nie an unserer Chancenlosigkeit gezweifelt.

Toni Polster (über eine vergebene Torchance)

Ich kann nicht mehr als schießen. Außerdem standen da 40 Leute auf der Linie.

Pierre Littbarski

In der ersten Halbzeit haben wir ganz gut gespielt, in der zweiten fehlte uns die Kontinu..., äh Kontuni...., ach scheiß Fremdwörter: Wir waren nicht beständig genug!

Franz Beckenbauer (2007 vor der Verpflichtung von Arjen Robben)

Ja gut, einen wie Robben brauchen wir natürlich nicht. Er ist ein reiner Außenstürmer. So weit ich weiß steht das Tor aber immer noch in der Mitte.

Lothar Matthäus

Das Chancenplus war ausgeglichen.

Jürgen Kurbjuhn

Wenn ich nicht will, lauf ich im Spiel nicht mehr als einen Kilometer. Und das ist der Weg von und zur Kabine schon drin.

Axel Kruse (zum geplanten Wechsel in einen Football-Club)

Für mich war es noch nie ein Problem, aus zwanzig Meter über die Latte zu schießen.

Dariusz Wosz

Alles hat gestimmt: Das Wetter war gut, die Stimmung war gut, der Platz war gut - nur wir waren schlecht.

Carsten Fuss

Auswärts sind die Greuther stärker als in der Fremde.

Aleksander Ristic

Bei manchen Spielern fehlt etwas, deshalb spielen sie auch bei mir und nicht in Barcelona.

Horst Heldt

Druck habe ich eigentlich nur morgens nach dem Aufstehen.

Brian Greenhoff

Alle Spieler von Leeds stehen zu 100 Prozent hinter dem Trainer, aber ich kann nicht für den Rest der Mannschaft sprechen.

Alexander Strehmel

Bei so einem Spiel muss man die Hosen runterlassen und sein wahres Gesicht zeigen.

Gyula Lorant

Bundesligaspiele sind keine russischen Wahlen, bei denen immer gewonnen wird.

Christoph Daum

Das Gegentor fiel zum psychologisch ungünstigsten Zeitpunkt. Aber man muss an dieser Stelle auch einmal die Frage stellen, ob es Gegentore gibt, die zu einem psychologisch günstigen Zeitpunkt fallen.

Helmut Schulte

Das Runde muß ins Eckige.

Thomas Strunz

Das Schönste an Stuttgart ist die Autobahn nach München.

Felix Magath

Das war europäische Weltklasse!

Leon Goretzka

Es ist schön, mal wieder 82 Millionen Bundestrainer zu haben und nicht 82 Millionen Virologen.

Michael Zorc (nach einer Niederlage bei Lazio Rom 2020)

Wir haben die Abstandsregel im Spiel gegen den Ball vorbildlich eingehalten.

Michael Ballack

Ich habe keine Rituale, bloß die Dinge, die man immer gleich macht.

Jens Keller

Da mach´ ich mir vom Kopf her keine Gedanken.

Philipp Lahm

Man muss nicht immer das Salz in der Suppe suchen.

Toni Schumacher

Ich habe das Gefühl, England ist nicht mehr das Mutterland des Fußballs, sondern eher das Großmutterland.

Bela Rethy

Das da vorn, was aussieht wie eine Klobürste, ist Valderrama.

Max Merkel

In Spanien gibt es für eine Niederlage drei Gründe: Entweder war der Wind zu stark, die Sonne zu heiß oder die gestifteten Kerzen in der Kirche waren zu kurz.

Max Merkel

Im Training habe ich mal die Alkoholiker meiner Mannschaft gegen die Antialkoholiker spielen lassen. Die Alkoholiker gewannen 7:1. Da war´s mir wurscht. Da hab i g´sagt: Sauft´s weiter.

Ian Wright

Ich brauche noch fünf Tore, um den Arsenal-Rekord zu brechen - aber nicht, dass ich jetzt zählen würde.

Jean-Paul Sartre

Im Fußball verkompliziert sich alles durch das Vorhandensein der gegenerischen Mannschaft.

Giovanni Trapattoni (Auszug seiner Wutrede bei Bayern am 10.03.1998)

Ein Trainer ist nicht ein Idiot. Ein Trainer sehen was passiert in Platz. In diese Spiel es waren zwei, drei oder vier Spieler, die waren schwach wie eine Flasche leer....Strunz ..... was erlauben Strunz? .... Ich habe fertig!

Jan Kocian

Der Dieter und ich, wir haben uns überlegt, dass wir von jetzt an nur noch Foul spielen, wenn es nötig ist.

Franz Beckenbauer

Der Grund war nicht die Ursache, sondern der Auslöser.

Norbert Dickel (über Frank Mill)

Der ist mit allen Abwassern gewaschen.

Franz Beckenbauer

In einem Jahr hab ich mal 15 Monate durchgespielt.

Beni Turnher

Der Oberarm gehört zur Hand.

Beni Turnher

Der Rasen sieht alt und gebraucht aus, irgendwie erinnert er mich an die Kleider der Kelly Family.

Norbert Nachtweih (über Dieter Hoeneß)

Der springt so hoch, wenn der wieder runter kommt, liegt auf seiner Glatze Schnee.

Jürgen Klopp (nach einer Niederlage gegen ManU)

It´s not a wish concert.

Ronald Koeman

Die deutschen Spieler hören erst dann auf zu kämpfen, wenn sie im Bus sitzen.

Bobby Robson

Die ersten 90 Minuten sind die schwersten.

Felix Magath

Qualität kommt von Qual.

Wilfried Mohren

Die Schotten sind meistens eher zu Hause als ihre Postkarten.

Franz Beckenbauer

Die Schweden sind keine Holländer - das hat man ganz genau gesehen.

Toni Polster

Ein Denkmal will ich nicht sein, drauf scheißen ja nur die Tauben.

Max Merkel

Eine Straßenbahn hat mehr Anhänger als Uerdingen.

Giovanni Trappatoni

Es gibt nur einen Ball. Wenn der Gegner ihn hat, muß man sich fragen: Warum!?

Erich Ribbeck

Es ist egal, ob ein Spieler bei Bayern München spielt oder sonst wo im Ausland.

Michael Schaub

Er hat gute und schlechte Tage. Aber er ist konstant in seinen Leistungen.

Lothar Emmerich

Gib mich die Kirsche!

Gerry Francis

Was ich ihnen zur Halbzeit gesagt habe, wäre im Radio nicht zu drucken.

Julian Nagelsmann (über Lothar Matthäus)

Ich hab als Kind immer gedacht, dass der Lotoma heißt - und Thäus mit Nachnamen. Dann habe ich im Fanshop angerufen und gesagt, ich hätte gerne ein Trikot mit der 10, Lotoma. Und da haben die gesagt, es gibt keinen Lotoma.

Lothar Matthäus

I hope, we have a little bit lucky.

Barry Venison

Ich ziehe immer zuerst meinen rechten Schuh an, dann den rechten Socken.

Martin Driller

Fußball ist wie eine Frikadelle, man weiß nie, was drin ist.

Toni Polster

Ich bin Optimist. Sogar meine Blutgruppe ist positiv.

Vlado Saric

Ich fair foul gespielt. Ich nicht getreten.

Gerhard Delling

Hup, Holland, Hup - hat den Vorteil, dass man es auch bei Schluckauf weitersingen kann.

Mehmet Scholl (auf die Frage nach seinen Urlaubsplänen)

Ich fliege irgendwo in den Süden - vielleicht nach Kanada oder so.

Mehmet Scholl (auf die Frage nach seinen Berufsplänen)

Spielerfrau.

Oliver Reck

Zu meiner Frau habe ich ein Vater-Sohn-Verhältnis.

Mini Jacobsen

Ich habe 2 1/2 Jahre bei Young Boys Bern, 6 Monate bei Lierse und 53 Minuten bei Duisburg gespielt.

Sebastian Deisler

Ich hoffe, dass dieses Spiel nicht mein einziges Debüt bleibt.

Erwin Kostedde

Ich möchte nie mehr arbeiten, sondern nur noch am Tresen stehen und saufen.

Ad de Mos

Ich spiele weiterhin mit Risiko. Schließlich profitieren alle davon: Wir, das Publikum und auch der Gegner.

Horst Szymaniak

Ein Drittel mehr Geld? Nee, ich will mindestens ein Viertel!

Michael Tarnat

Ich will an meinem rechten Fuß feilen.

Christoph Daum

In der Schlußphase war der Pfosten der Einzige, auf den wir uns 100%ig verlassen konnten.

Franz Beckenbauer

Es gibt nur eine Möglichkeit: Sieg, Unentschieden oder Niederlage!

Peter Pacult

Ja, der FC Tirol hat eine Obduktion auf mich.

Otto Rehhagel

Jetzt müssen wir gegen Stuttgart gewinnen. Ob wir wollen oder nicht.

Toni Polster

Ich grüße meinen Vater, meine Mutter und ganz besonders meine Eltern.

Bela Rethy

Portugal spielt heute mit sechs Ausländern.

Ruud Gullit

Wir hatten 99% Spielanteile. Die restlichen 3% haben uns das Match gekostet.

Ulrich Borowka (Spitzname: Die Axt)

Auch wenn wir heute verlieren, einer von Euch kommt heute noch ins Krankenhaus.

Jörg Berger

Resignation ist der Egoismus der Schwachen.

Marcel Reif

Und dieser öffnende Paß brachte wieder 57cm Raumgewinn!

Werner Hansch

Wenn das keine Chance war, dann war das zumindest eine große Möglichkeit.

Otto Rehhagel

Wenn ich heute fünf Talente einbaue und mehrere Spiele hintereinander verliere, dann lassen die Leute an den Blumen, die sie mir zuwerfen, plötzlich die Töpfe dran.

Reinhold Franz

Wenn man keine Tore macht, ist es ganz schwer, ein Spiel zu gewinnen.

Thomas Häßler

Wenn man mir die Freude am Fußball nimmt, hört der Spaß bei mir auf!

Berti Vogts

Wenn wir Deutschen tanzen, und nebenan tanzen Brasilianer, dann sieht das bei uns eben aus wie bei Kühlschränken.

Wolf-Dieter Poschmann

Gegen Portugal gab es schon mühevolle Unentschieden- und Remis-Spiele.

Steffen Baumgart

Wir haben genügend Potenz für die Bundesliga.

Max Merkel

Wir haben sehr viel Arbeit in diese Niederlage gesteckt.

Craig Brown

Wir hatten ein Dutzend Eckbälle - ich schätze so um die zwölf.

Jürgen Röber

Wir müssen jetzt mit dem Boden auf den Füßen bleiben.

Otto Rehhagel

Wir spielen am Besten, wenn der Gegner nicht da ist.

Herman Gerland
Die angeschlagenen Ulmer Spieler sind schneller gehumpelt als meine gelaufen sind.

Stefan Reuter
Zur Schiedsrichterleistung will ich gar nichts sagen, aber das war eine Frechheit, was da gepfiffen wurde!

Holger Obermann
Zwei Minuten gespielt, noch immer hohes Tempo.

Friedel Rausch
Es ist schon genug Feuer ins Öl gegossen worden.

Jan-Aage Fjörtorft
Ich halte nix von Sex vor dem Spiel, besonders deshalb, weil ich mir mit Salou das Zimmer teile.

Jan-Aage Fjörtorft
Branco tanzt, ich grätsche. Das ist der Unterschied zwischen Kamerun und Norwegen.

Andi Brehme
Es war die Chancenauswertung, die wir nicht verwertet haben.

Reiner Calmund
Bis auf die 12 Karten war´s fast ein Feundschaftsspiel.

Marcel Reif
Je länger das Spiel dauert, desto weniger Zeit bleibt.

Bela Rethy

Der Typ ist so quirlig, der geht nach dir in die Drehtür und kommt vor dir wieder raus.

Norbert Meier

Man macht nicht in drei Tagen aus einer Würstchenbude eine Großraumdisco.

Thomas Brdaric

Ich bin keiner, der beim ersten Tsunami gleich wegrennt.

Franz Beckenbauer

Da hat wirklich der Riese gegen Goliath gespielt.

Peter Neururer

Die Fußballerische Intelligenz ist die Grundlage, um einen sportartspezifischen Intellekt aufzubauen.

Axel Bellinghausen

Wir sind nicht von vorne herein das Dosenfutter, wie von manchen befürchtet.

Axel Kruse (nach einem 13-Sekunden Einsatz)

Für mich war es wichtig zu sehen, dass ich konditionell mithalten konnte.

Markus Osthoff

Daran sind nur die Schiedsrichter schuld, da bin ich ganz selbstkritisch.

Bobby Robson

Wir haben unsere Gegner nicht unterschätzt. Sie waren nur besser, als wir dachten.

Steffen Freund

Es war ein wunderschöner Augenblick, als der Bundestrainer sagte: Komm Stefan, zieh deine Sachen aus, jetzt geht´s los.

Thomas Häßler

In der Schule gab´s für mich Höhen und Tiefen. Die Höhen waren der Fußball.

Slawen Bilic

- Ich suche nicht nach Alibis, aber die Luftfeuchtigkeit war hoch.

Martin Pieckenhagen, Torhüter

Juskowiak hat mich angebrüllt, da hab ich mich sehr erschrocken. Deshalb war es ganz klar Torwartbehinderung.

Paul Breitner

Dann kam das Elfmeterschießen. Wir hatten alle die Hosen voll, aber bei mir lief´s ganz flüssig.

Harald Schmidt

Golden Goal ist scheiße. Man weiß nie, ob man sich noch ein Bier holen soll.

Sean Dundee

Ich bleibe auf jeden Fall wahrscheinlich beim KSC.

Udo Lattek
Die spielen taktisch gut, obwohl sie ohne Taktik spielen.

Andreas Brehme
Haste Scheiße am Fuß, haste Scheiße am Fuß!

Toni Polster
Man hetzt die Leute auf mit Tatsachen, die nicht der Wahrheit entsprechen.

Marko Rehmer
Wir sind hierher gefahren und haben gesagt: Okay, wenn wir verlieren, fahren wir wieder nach Hause.

Waldemar Hartmann
England ist so voller Euphorie nach dem Sieg gegen uns, demnächst glauben die auch noch, sie könnten kochen.

Robert Roelofson (auf die Frage, wie er sich auf das Auswärtsspiel vorbereite)
Wir steigen in den Bus ein und fahren hin.

Volker Abramczik
Ich will keine Karotten, ich will Möhren.

Roy Aitken
Letzte Nacht waren wir das beste Team des Tages.

Torsten Legat
Ich glaube nicht, dass mir der Verein Steine in den Vertrag legt.

Karl-Heinz Körbel

Die Eintracht Frankfurt ist vom Pech begünstigt.

Rolf Rüßmann

Wenn wir hier nicht gewinnen, dann treten wir ihnen wenigstens den Rasen kaputt.

Karl-Heinz Rummenigge

In der Mitte, da sind sie vierbeinig.

Udo Lattek

Wunderbar, wie er seinen Körper zwischen sich und den Gegner schiebt.

Willi Lemke

Das beste Trainingslager ist eine Frau - die eigene natürlich.

Jürgen Klinsmann

Da sind meine Gefühle mit mir Gassi gegangen.

Christian Beeck

Wir haben mit der notwendigen fairen Brutalität gespielt.

Mario Basler

Ich lerne nicht extra französisch für die Spieler, wo diese die Sprache nicht mächtig sind.

Herbert Finken

Mein Name ist Finken, und du wirst gleich hinken.

Lukas Podolski

So ist Fußball. Manchmal gewinnt der Bessere.

Berti Vogts

Hass gehört nicht ins Stadion. Die Leute sollen ihre Emotionen zu Hause in den Wohnzimmern mit ihren Frauen ausleben.

Charly Körbel (als Trainer)

Den größten Fehler, den wir jetzt machen könnten, wäre, die Schuld beim Trainer zu suchen.

Erich Ribbeck

Dies kann ein Nachteil oder ein Vorteil sein, sowohl für uns als auch für die gegnerische Mannschaft.

Fabrizio Hayer

Ich weiß auch nicht, wo bei uns der Wurm hängt.

Manfred Kaltz

Was, der Kapellmann wird Arzt? Der wird doch Doktor!

Christian Ziege

Ich bin der linke, mittlere, defensive Offensivspieler.

Lukas Podolski

80 Prozent von euch und ich kraulen sich doch auch mal an den Eiern.

Thomas Doll

Ich brauche keinen Butler. Ich habe eine junge Frau!

Oliver Kahn

Die Holländer sind vorne vom Feinsten bestückt.

Horst Köppel

Ich sehe in der Bundesliga Spieler, denen springt beim Stoppen der Ball weiter vom Fuß, als ich ihn jemals schießen konnte.

Bill Shankley

Manche Leute halten Fußball für eine Sache von Leben und Tod. Ich kann Ihnen versichern, es ist sehr viel wichtiger als das.

Michel Platini

Wenn die Deutschen gut spielen, dann werden sie Weltmeister, wenn sie schlecht spielen, dann kommen sie ins Finale.

Dragoslav Stepanovic

Lebbe geht weida! (nachdem er am letzten Spieltag der Saison 1991/92 als Trainer von Eintracht Frankfurt die Meisterschaft verlor).

Berti Vogts

Die Realität ist anders als die Wirklichkeit.

Eduard Geyer

Vom Willen her hat die Mannschaft schon gewollt.

Francesco Totti (über das Motto "Carpe diem")

- Was soll der Scheiß, ich kann kein Englisch.

Max Merkel

Spanien wäre ein schönes Land, wenn nicht so viele Spanier dort leben würden.

Christoph Daum

Andere erziehen ihre Kinder zweisprachig, ich beidfüßig.

Primin Schwegler (nach einem Sieg)

Fußball ist ein Tagesgeschäft. Nach dem 0:3 in Aue waren wir die Bratwürste, jetzt sind wir für einen Tag halt mal das Rinderfilet.

Lothar Matthäus

I look not back, I look in front.

Uli Stein (nach dem Abgang von Andi Möller nach Juventus)

Wir sind die einzige Mannschaft, die durch einen Abgang stärker geworden ist.

Max Merkel

Der Österreicher glaubt mit 18, er sei Pelé. Mit 20 glaubt er, er sei Beckenbauer. Und mit 24 merkt er, dass er Österreicher ist.

Ralf Rangnick

Wenn schon vier Leute so viele Fehler machen, ist es vielleicht richtig, dass man auf eine Dreierkette umstellen sollte.

Helmut Schulte

Das größte Problem beim Fußball sind die Spieler. Wenn wir die abschaffen könnten, wäre alles gut.

Ingo Anderbrügge

Das Tor gehört zu 70 Prozent mir und zu 40 Prozent dem Wilmots.

Berti Vogts

Wenn jeder Spieler zehn Prozent von seinem Ego an das Team abgibt, haben wir einen Spieler mehr auf dem Feld.

Uli Hoeneß

Ich glaube nicht, dass wir das Spiel verloren hätten, wenn es 1:1 ausgegangen wäre.

Christoph Daum

Mir ist es egal, ob einer Brasilianer, Pole, Kroate, Norddeutscher oder Süddeutscher ist. Die Leistung entscheidet, nicht irgendeine Blutgruppe.

Dettmar Cramer

Es hängt alles irgendwie zusammen. Sie können sich am Hintern ein Haar ausreißen, dann tränt das Auge.

Jens Jeremies

Wenn es einmal hart auf hart kommt, kommt es meistens ganz hart.

David Begg

Der Junge spielt gut für seine 19 Jahre. Das könnte daran liegen, dass er schon 21 ist.

Michael Duberry

Gut, er hat drei Tore geschossen. Aber abgesehen davon hatte ich ihn ganz gut im Griff.

Gary Lineker

Es gibt nichts dazwischen: Du bist entweder gut oder schlecht. Wir waren heute so mittel.

Chris Turner

Ich habe den Spielern gesagt, dass wir gewinnen müssen. Damit ich dannach genügend Geld habe, um neue Spieler zu kaufen.

Bob Mills

Chelsea hat diesen Roman Abramovich und seine Milliarden, die er mit den russischen Ölfeldern verdient hat. Aber wir haben Barry Hearn, der eine ziemlich gut gehende Billardhalle in Leyton hat!

Frank Rost

Heute hätten wir keinen Hering vom Teller gezogen.

Miroslav Klose

Für Streicheleinheiten müssen wir uns eine Katze kaufen.

Horst Hrubesch (erklärt in der Kurzfassung, wie er ein Tor schoß)

Manni, Bananenflanke, ich, Kopf, Tor!

Marcel Reif

Bayern spielt jetzt im 4-3-1-3-System.

Thorsten Legat

Spätzle? Hab ich noch nicht probiert. Aber im Allgemeinen mag ich Geflügel.

Klaus Hilpert

Wir haben die Mannschaft ganz karibisch zusammengestellt.

Johannes B. Kerner

Wenn man Gelb hat und so reingeht, kann man nur wichtige Termine haben.

Paul Breitner

Ich habe nur immer meine Finger in Wunden gelegt, die sonst unter den Tisch gekehrt worden wären.

Gerhard Delling

Die Luft, die nie drin war, ist raus aus dem Spiel.

Lothar Matthäus

Gewollt habe ich schon gemocht, aber gedurft ham se mich nicht gelassen.

Christoph Daum

Wenn der Kopf richtig funktioniert, dann ist das wie ein drittes Bein.

Dieter Nuhr

Männer haben 100 Gramm mehr Gehirn als Frauen - da ist unter anderem die Abseitsregel drin.

Franz Beckenbauer

Das Einzige, was sich in der ersten Hälfte bewegt hat, war der Wind.

Lorenz-Günther Köstner

Wir haben fehlende Cleverness vermissen lassen.

Jürgen Friedrich

Wir brauchen wieder Spieler, die Gras fressen. Und wenn es sein muss, rohes.

Berti Vogts

Schalke hat das Mittelfeld schnell überbrückt, mit schnellen, äh, Mittelfeldspielern.

Jan Böhmermann

Fußball ist wie Schach, nur ohne Würfel.

Klaus Allofs

Jetzt müssen wir dem Vorsprung schon wieder hinterher laufen.

Jörg Berger

Dass wir heute verloren haben, ärgert mich noch mehr, als dass ich morgen Geburtstag habe.

Thomas Brdaric

Ich habe ihn nicht geschoben, ich habe ihn geschubst.

Christoph Daum (über den Stinkefinger von Ulf Kirsten)

Er hat angezeigt, dass er in einer Minute ausgewechselt werden will.

DFB (1976)

Die Anatomie der Frau ist für Trikotwerbung nicht geeignet. Die Reklame verzerrt.

Sammy Drechsel

Rudi Struz, gerade ausgewechselt, schießt in der 90. Minute das 2:0.

Heribert Faßbender

Tagsüber, wenn die Sonne scheint, ist es hier noch wärmer.

Jürgen Franz

Heute greifen wir an der gegnerischen Mittellinie an.

Lukas Podolski

Das Gute an England ist: Wir haben viele englische Wochen.

Eduard Geyer

Der Ball war so lasch geschossen, den konnte man unterwegs noch aufpumpen.

Werner Hansch

Die einzige Schwäche von Van Nistelrooy ist seine Kopfballstärke.

Ottmar Hitzfeld

Von der Anzahl her hatten wir mehr Chancen.

Carsten Jancker (zum Verein Rosenborg Trondheim)

Rosenborg und Trondheim sind sehr starke Mannschaften.

Oliver Kahn

Die Karten sind neu gewürfelt.

Herbert Prohaska

Heute haben wir uns gut aus der Atmosphäre gezogen.

Uwe Klimaschewski

Meine Spieler sind Intellektuelle. Die haben Maos Tod letzte Woche noch nicht verkraftet.

Hans Krankl

Wir haben keine Chance - und die müssen wir nützen.

Marcel Reif

Zuerst waren die Stuttgarter nervös, jetzt sind sie unruhig geworden.

Marcel Reif

Brehme deckt halt den Raum.

Erich Ribbeck

Die beiden haben nicht mehr gezeigt, als man von ihnen gesehen hat.

Sascha Rufer

Stancovic hat die Zukunft noch vor sich.

Sascha Rufer

Die Stimmung auf den Rängen kommt mir vor wie bei der Einweihung einer Kläranlage.

Winfried Schäfer (über Kameruner Spieler)

Die sprechen Englisch. Zum Teil alle.

Mehmet Scholl
Meine Unbekümmertheit wandelte sich in kontrollierte Spontanität.

Sebastian Schoof
Egal ob ich auf der Bank sitze oder von Anfang an spiele, ich gebe immer alles.

Helmut Schulte
Ball rund muß in Tor eckig.

Ron Greenwood
Dieser Vergleich ist unvergleichlich.

Helmut Schulte
Wer unten steht, hat das Pech der Glücklosen.

Holger Fach
Abgestiegen ist man, wenn man abgestiegen ist.

Thomas Häßler
Eine Drehung mehr, und ich wäre im Rasen verschwunden.

Alexander Frei
Wir brauchen keinen Psychiater, sondern einen Heimsieg.

Dragoslav Stepanovic (auf die Frage, wie sein Vertrag aussieht)
Ich glaube, er ist DIN A4.

Uli Stielike

Das Problem des deutschen Fußballs ist der Mangel an Quantität der Qualität.

Berti Vogts

Kompliment an meine Mannschaft und meinen Dank an unsere Mediziner. Sie haben Unmenschliches geleistet.

Berti Vogts

Ich bin eigentlich ganz anders. Nur habe ich leider überhaupt keine Zeit dazu.

Jürgen Wegmann (zum Thema FC Basel)

Ich habe immer gesagt, dass ich niemals nach Österreich wechseln würde.

Ernst Happel

Ein Tag ohne Fußball ist ein verlorener Tag.

John Bond

Ich verspreche Resultate, keine Versprechen.

Lothar Matthäus (auf die Frage, was er nach seiner aktiven Zeit machen möchte)

Schiedsrichter kommt für mich nicht in Frage. Schon eher etwas, das mit Fußball zu tun hat.

Oliver Glasner (auf die Frage, warum Eintracht Frankfurt das letzte Training nicht im Eurocup-Finalstadion von Sevilla absolviere)

Wir haben uns informiert. Es ist grüner Rasen, 105 mal 68 Meter groß. Die Tore sind 7,32 mal 2,44 Meter - also nichts anderes wie sonst.

Mario Götze (reagiert auf Kritik bei der EM 2016)
Mal ist man der Hund, mal ist man der Baum.

Archie Kox
So, jetzt alphabetisch der Größe nach aufstellen.

Hasan Salihamidzic (über Schalke-Keeper Nübel)
Über Spieler, die bei anderen Vereinen unter Vertrag stehen, werde ich kein Wort verlieren. Aber er ist ein junger deutscher talentierter Spieler, der schon die Nummer eins ist. Er hat einen feinen Fuß und ist wirklich ein sehr guter Spieler.

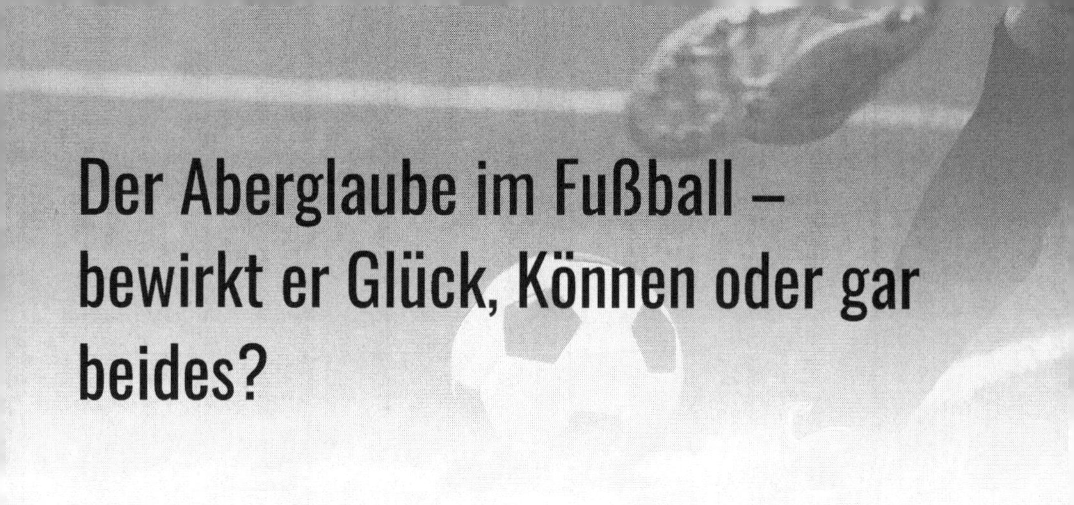

Der Aberglaube im Fußball – bewirkt er Glück, Können oder gar beides?

Der Aberglaube spielt im Sport bekanntlich eine bedeutende Rolle, vor allem dann, wenn es um Sieg oder Niederlage geht. Wenn wir ehrlich zu uns selbst sind, so werden wir feststellen, dass wir mit Sicherheit die eine oder andere abergläubische Routine bereits selbst entwickelt haben, die einzig und allein dazu dient, unsere Gewinnchancen irgendwie zu verbessern. Auch im Glücksspiel leben Spieler, die ihre Zeit an Slot-Automaten verbringen, von zahlreichen Mythen und Ritualen. Auch Sie wollen Ihre Gewinne heraufbeschwören wenn Sie zum Beispiel ihr Glück in „Lady Luck" versuchen. Die gleichen abergläubischen Verhaltensmuster sehen wir bei Sportfans, die immer nur die gleichen „Glückstrikots" tragen. Ganz zu schweigen von den vielen Athleten, die sich bewusst an die eigenen Riten halten.

Wir alle wissen, dass Strategien, Training und Können auf jeden Fall notwendig sind um Spiele gewinnen zu können, aber im Sport kann aufgrund des Gewinndrucks auch psychologisch genau das Gegenteil erreicht werden. Daher brauchen die Sportler sehr oft gewisse Mechanismen, um in die richtige Stimmung bzw. Leistungsbereitschaft zu kommen um das Selbstvertrauen am Spieltag zu stärken. Aus diesem Grund können gewisse Rituale, egal wie verrückt oder ausgefallen diese sein mögen, den Spielern tatsächlich helfen, eine bessere Leistung im richtigen Moment zu erbringen. Unabhängig davon, ob der Aberglaube und die Riten im Sport den Spielern wirklich Glück bringen oder es ihnen einfach nur hilft, den Kopf frei zu bekommen, es ist auf jeden Fall die Mühe wert, wenn es wirklich helfen sollte, Spiele und Bewerbe zu gewinnen.

Der Kabinen-Aberglaube

Da die Spieler die Momente kurz vor einem Spiel in der Umkleidekabine verbringen, ist es nicht verwunderlich, dass hier viele unterschiedliche Rituale entstanden sind. So verriet John Terry 2016 in einem Interview einen besonders seltsamen Aberglauben, als er zugab, dass alle Chelsea-Spieler vor dem Spiel dasselbe Urinal benutzen.

Gesichtsbehaarung

In den USA ist es üblich, dass sich Fußballer während der Meisterschafts-Playoffs nicht rasieren. Es scheint eine seltsame Tradition zu sein, aber es ist bekannt, dass viele Sportteams darauf bestehen sich nicht zu rasieren, um das Teamgefühl aufrecht zu erhalten. Es gibt aber auf der anderen Seite einige Spieler, so wie der frühere Superleague-Stürmer Theofanis Gekas, der sich immer zwei Stunden vor jedem Spiel im Rahmen seines eigenen Rituals vor dem Spiel rasierte.

Ungewaschene Socken

Fans und Spieler sind dafür berüchtigt, dass sie bestimmte glückbringende Kleidungsstücke für längere Zeit nicht waschen wollen, solange die Siegesserie anhält. In diesem Fall sind zweifellos die ungewaschenen Socken die schlimmste aller denkbaren Möglichkeiten. Dies ist eine langjährige (aber eher übelriechende) Tradition, zu der sich im Laufe der Jahre schon zahlreiche Spieler bekannt haben.

Aufsparen

Während viele abergläubische Rituale außerhalb des Spielfelds stattfinden, manche während des Aufwärmens stattfinden, so finden einige sogar während des Spiels statt. So weigerte sich Gary Lineker beharrlich, vor dem Spiel während des Aufwärmens auf die Tore zu schießen, da er der Meinung war, er würde in diesem Fall "seine Tore verschwenden". Und wenn wir auf seine mehr als 300 Treffer blicken, so hat der mehrfache englische Fußballer des Jahres und Torschützenkönig der Fußball-WM 1986 wahrscheinlich gar nicht so unrecht gehabt.

Der Letzte auf dem Platz sein

In der langen Geschichte des Sports haben sehr oft unzählige Spieler darauf bestanden, als letzte aus dem Umkleideraum zu kommen und als letzte das Spielfeld zu betreten. Sie warten solange, bis wirklich kein anderer mehr hinter ihnen das Feld betritt. Dies kann natürlich auch problematisch werden, wie zum Beispiel, als Kolo Toure von Arsenal so lange mit dem Betreten des Platzes zuwartete, sodass seine Mannschaft gezwungen war, die zweite Halbzeit mit nur neun Spielern zu beginnen.

Glück oder Können: Welche Eigenschaft gewinnt nun Spiele?

Wenn Sie Ihr Fußballverständnis nur auf Aberglauben begründen, so werden Sie wahrscheinlich annehmen, dass es eigentlich nur um Glück geht und rein gar nichts mit Können zu tun hat. Aber so ist es natürlich nicht, denn die Profisportler trainieren hart um Spiele gewinnen zu können. Aber wenn es um die Psychologie im Sport geht, so kann es sicherlich nicht schaden ein wenig auf die eigenen Riten zu vertrauen um der „Göttin Fortuna" ein wenig auf die Beine zu helfen. In diesem Fall heiligt der Zweck die Mittel.

Tipp-Spiele sind nur etwas für Fußball-Experten. Quatsch!

Viele Zocker beschäftigen sich intensiv mit Statistiken und Tabellen um den optimalen Experten-Tipp abzugeben. Die Wahrscheinlichkeit, dass ein Fußball-Spezialist beim Tippspiel gewinnt ist aber nicht höher als die Gewinnchance die ein Laie hat. Zocker sind allerdings häufig davon überzeugt bessere Tipps abzugeben und dementsprechend eher bereit höhere Wetteinsätze zu setzten.

Fußball ist nicht nur Männersport

Wir haben dir ein paar spannende Fakten zum Thema FrauenFußball zusammengestellt.

- FrauenFußball wurde erst 1970 in Deutschland anerkannt. Zuvor war es sogar stellenweise verboten und wurde bei Verstoß bestraft.
- Die brasilianische Nationalspielerin Formiga nimmt mit 41 Jahren zum siebten Mal an einer Weltmeisterschaft teil. Das schaffte bisher noch niemand. Nur die allererste WM verpasste sie.
- Die Zuschauerzahlen bei Weltmeisterschaften sind sehr unterschiedlich. Von 90.000 bis nur 250 war schon alles dabei.

- In der Bundesliga sind in der Regel nur ein paar hundert Zuschauer im Stadion. Anders sieht es dagegen bei der Nationalmannschaft aus. Je nach Begegnung kommen zwischen 6.000 und 12.000.
- Die Gehaltunterschiede zwischen Frauen- und MännerFußball sind enorm. Die deutsche Nationalspielerin Dzsenifer Marozsan verdient etwa 300.000 Euro im Jahr. Die beste bezahlteste Spielerin auf der Welt ist die Schwedin Ada Hegerberg mit rund 400.000 Euro jährlich. Zum Vergleich Lionel Messi kommt mit Sponsorengeldern auf weit über 100 Millionen Euro.
- Taiwan, Thailand und Äquatorial Guinea haben schon mal an einer Frauen-WM teilgenommen, aber noch nicht bei den Herren.
- Bibiana Steinhaus ist wohl die berühmteste Schiedsrichterin. Seit zwei Jahren pfeift sie regelmäßig bei den Herren in der Bundesliga. Bei den Damen hat sie auch schon ein WM-Finale und bei Olympia ein Endspiel geleitet.
- 1991 fand die erste offizielle FIFA FrauenFußball Weltmeisterschaft in China statt. Den ersten Titel sicherten sich die USA.
- Als 1989 die deutschen Damen den EM Titel holten, bekam jeder als Prämie vom DFB ein Kaffeeservice. Gewinnt man jetzt die Weltmeisterschaft, bekommt man pro Kopf 75.000 Euro.
- Über 200.000 angemeldete Fußballerinnen. Der FrauenFußball in Deutschland ist zum Glück längst keine Randerscheinung mehr. So können laut der UEFA bereits 203.756 registrierte Fußballerinnen verzeichnet werden. Dabei ist die Zahl der Unter-18-Jährigen mit über 110.000 noch größer als die Zahl der Zahl der Erwachsenen.
- Ligaspiele fast unter Ausschluss der Öffentlichkeit. Selbst absolute Topspiele in der Frauen-Bundesliga, wie etwa zwischen dem VfL Wolfsburg und dem FC Bayern München, locken im Schnitt gerade einmal 946 Zuschauer an. Dabei verpassen die Fans des runden Leders durchaus spannende Begegnungen, die zudem

oftmals angenehm fair geführt werden. Auch die Eintrittspreise sind sehr human gehalten.

- Deutlich mehr Interesse an der Nationalmannschaft. Die Begegnungen der Nationalmannschaft können im Vergleich zu den Ligaspielen fast schon als Publikumsmagnete bezeichnet werden. So werden die DFB-Ladies im Schnitt zumindest von 6.865 Anhängern unterstützt. 2013 war das Interesse aber noch deutlich höher und so lag der Zuschauerschnitt bei über 12.000.

- Weibliche Schiedsrichterinnen auf dem Vormarsch. Bibiana Steinhaus beweist bereits seit 2017 eindrucksvoll, dass sich weibliche Schiedsrichterinnen auch in der Männer-Bundesliga durchsetzen können. Dabei wird die 40-Jährige unter anderem für ihre kommunikative Herangehensweise geschätzt. Neben ihren nationalen Erfolgen, leitete die FIFA-Schiedsrichterin als bisher einzige Frau sowohl ein WM-Finale der Frauen, als auch das Endspiel in einem olympischen Turnier. Insgesamt gibt es in Deutschland 2253 gelistete Schiedsrichterinnen.

- Noch immer deutlich mehr Männer an der Seitenlinie. 85 Prozent der Trainer von Frauenmannschaften sind Männer. Insgesamt können bislang nur 26 Trainerinnen die UEFA Pro Lizenz vorweisen. Dem gegenüber stehen 861 männliche Kollegen. Auch bei den unterklassigen Lizenzen ist die Spanne noch immer riesig. So gibt es über 30.000 Übungsleiter mit einer B-Lizenz und nur knapp über 2.000 weibliche Pendants.

- Über 4000 Mannschaften. Insgesamt gibt es in Deutschland 4402 Frauen-Mannschaften. Alle U-Mannschaften sind dabei nicht mit eingerechnet. In der höchsten deutschen Spielklasse, der Bundesliga, treffen zwölf Vereine aufeinander.

BONUS: Fußball WM 2022 in Katar

Die 22. Auflage der Fußball-Weltmeisterschaft wird eine ganz besondere. Mit Katar ist zum ersten Mal in der Fußballgeschichte ein arabisches Land Gastgeber und erstmals wird aufgrund der dort herrschenden hohen Temperaturen nicht im Sommer, sondern im Winter gespielt. Von 20. November bis 18. Dezember 2022 kämpfen die besten Teams der Welt in der Weihnachtszeit um den WM-Titel.

Eine WM-Vergabe der FIFA war noch nie so umstritten wie diese – selbst Russland als Gastgeber wurde nicht so heiß diskutiert wie die Entscheidung, das Turnier nach Katar zu vergeben.

Alle Infos zur Fußball WM 2022

- Bewerb: Weltmeisterschaft 2022
- QA Ort: Katar
- Datum: 20.11. – 18.12.2022
- Anzahl teilnehmender Mannschaften: 32
- Titelverteidiger: Frankreich

WM 2022 Countdown: Wales, Australien & Costa Rica sichern sich letzte Tickets!

Der Juni 2022 brachte die letzten Entscheidungen im Rennen um die Teilnahme bei der Fußball-WM 2022 in Katar. Insgesamt drei Tickets wurden im europäischen und den interkontinentalen Playoffs vergeben.

Die erste Entscheidung fiel in den verschobenen WM-Playoffs 2022 in Europa. Aufgrund des Kriegs in der Ukraine wurde deren Halbfinal-Partie von März auf Juni verschoben. In weiterer Folge fand auch das entscheidende Final-Spiel später statt. Die Ukraine setzte sich im Halbfinale mit 3:1 in Schottland durch und trat im Playoff-Finale gegen Gareth Bales Waliser an. Wales gewann knapp mit 1:0 und erhielt damit das 13. WM-Ticket der UEFA.

Der vorletzte verbleibende Teilnehmer-Platz der Weltmeisterschaft ging an Australien. Im Finale der asiatischen Qualifikation besiegte man die Vereinigten Arabischen Emirate mit 2:1, ehe man gegen Südamerikas Vertreter Peru um das WM-Ticket spielte. Hier setzte man sich nach torlosen 120 Minute im Elfmeterschießen durch. Held der Australier war der kurz davor eingewechselte Ersatztorhüter, der auf der Linie zappelte und insgesamt zwei Elfmeter entschärfen konnte.

Den Abschluss machte das Duell Ozeanien gegen CONCACAF im internkontinental Playoff. Hier sicherte sich Costa Rica mit einem 1:0-Sieg über Neuseeland den 32. und letzten Platz bei der WM 2022. Das alles entscheidende Tor im Ahmed Bin Ali Stadium schoss Joel Campbell gleich in der 3. Minute.

Wo findet die WM 2022 statt und warum?

Wie bereits mehrfach erwähnt, ist Katar der Austragungsort der WM 2022. Festgelegt wurde dies in einer Abstimmung des FIFA Exekutiv-Komitees im Dezember 2010 in Zürich. Bereits zwei Jahre zuvor hatte sich die FIFA dafür entschieden, die Weltmeisterschaften 2018 und 2022 im Doppelpack zu vergeben. Für 2018 gab es die Auflage, dass sie in Europa stattfinden müsse. Für 2022 wurde festgelegt, dass das Turnier nicht in Südamerika stattfinden dürfe.

Elf Bewerbungen aus 13 Ländern gingen für beide Endrunden ein. Bekanntlich bekamen Russland und Katar den Zuschlag – sofort wurde der Vorwurf der Korruption erhoben, der bis heute nicht bewiesen (aber auch nicht entkräftet) werden konnte.

Die FIFA reagierte allerdings und änderte das Verfahren für die WM-Vergabe: Stimmte bislang nur das Exekutivkomitee ab, wählt inzwischen die FIFA-Vollversammlung. Zudem wurde festgelegt, dass es keine Doppelvergaben mehr geben solle.

Bezüglich der Anstoßzeiten brauchen sich Fußballfans aus Europa keine Sorgen zu machen. Die FIFA gab bekannt, dass die Spiele zwischen 11:00 Uhr und 20:00 Uhr deutscher Zeit angepfiffen werden. Während beispielsweise die zwei Partien im Halbfinale erst um 20:00 Uhr beginnen, findet das große Finale bereits um 16:00 Uhr mitteleuropäischer Zeit statt.

Als Vorbereitung für die Weltmeisterschaft 2022 ging in Katar vom 30. November bis zum 18. Dezember 2021 der FIFA Arab Cup über die Bühne. Das Turnier für arabische Nationalmannschaften, bei dem sechs von acht WM-Stadien zum Einsatz kamen, konnte Algerien für sich entscheiden.

Wieso wird die WM 2022 im Winter ausgetragen?

Ursprünglich sollte die WM 2022 wie jede andere Endrunde im Sommer ausgetragen werden. Katar präsentierte Pläne für gigantische Kühlungsanlagen, um Stadien und Trainingsgelände von den über 40 Grad Außentemperatur auf 20 bis 25 Grad abzukühlen.

Die Pläne waren zwar beeindruckend, riefen aber schnell Widerspruch hervor – schon aus ökologischen Gründen. Zudem befürchtete man, dass die Hitze für die Millionen von Besuchern, die sich von einem Spielort zum anderen begeben würden, zum ernsten gesundheitlichen Problem werden könnte.

Die Fußball Weltmeisterschaft 2022 wurde deshalb in den Spätherbst bis zum beginnenden Winter des Jahres 2022 verlegt. Das Eröffnungsspiel findet am 20. November 2022 statt. Die KO-Phase beginnt mit dem Achtelfinale am 03.12.2022.

Am 09. und 10. Dezember wird das WM-Viertelfinale 2022 absolviert. Das Endspiel ist für den 18. Dezember terminiert – es ist damit am vierten Advent. Einen Tag zuvor findet das WM 2022 Spiel um Platz 3 statt. Mit einer Dauer von 28 Tagen wird die WM 2022 zudem die kürzeste Endrunde seit 1978 (25 Tage).

Wie viele Teams nehmen an der WM 2022 teil?

Die Antwort lautet: 32 Teams.

Nachdem die FIFA für die WM 2026 in Kanada, Mexiko und den USA eine Aufstockung der Teilnehmerzahl von 32 auf 48 Mannschaften beschlossen hatte, wurde lange Zeit darüber nachgedacht, ob nicht auch die Weltmeisterschaft 2022 in Katar bereits mit 48 Teams stattfinden soll.

Im Mai 2019 wurde von der FIFA aber bestätigt, dass die Endrunde 2022 definitiv und damit zum letzten Mal mit 32 Mannschaften gespielt wird. Diese werden übrigens auch alle im WM 2022 Panini Sticker Album zu finden sein.

Infos zur WM 2022 Qualifikation

Genau wie die WM 2014 und 2018 wird auch das Turnier 2022 in Katar von 32 Mannschaften bestritten. Jedem Kontinentalverband stehen dabei genauso viele Startplätze wie bei den letzten Turnieren zur Verfügung. Katar als Gastgeber ist als einziges Team automatisch qualifiziert.

Die UEFA stellt mit 13 Startern das größte Kontingent. Die WM 2022 Qualifikation in Europa beginnt im März 2021. Aufgrund der Verschiebung der EURO 2020 um ein Jahr auf den Sommer 2021 gibt es allerdings für die fünf Fünfer- und fünf Sechsergruppen nur vier Spieltage bis November 2021.

Die Qualifikation für die Weltmeisterschaft 2022 sieht dann folgendermaßen aus: Die zehn Gruppenersten der regulären Quali qualifizieren sich direkt für die Endrunde 2022. Die verbleibenden drei Startplätze werden im März 2022 Rahmen eines Playoff-Turniers vergeben. Die Teilnehmer dieses Turniers setzen sich aus den zehn Gruppenzweiten und den zwei besten Gruppensiegern der Nations League 2020/21, die sich nicht über die reguläre WM-Quali qualifizieren konnten oder zu den zehn Zweitplatzierten der WM-Quali-Gruppen gehören, zusammen.

Diese 12 Nationen werden anschließend in drei Turnierpfade zu jeweils vier Teams aufgeteilt. Sie spielen im Semifinale (kein Rückspiel) um den Einzug ins Finale. Die sechs Gewinner ziehen ins Finale ein und spielen in drei Finals um die restlichen drei Startplätze für die WM 2022. Auch hier wird es kein Rückspiel geben. Für die EM 2021 wurden ja bekanntlich vier Startplätze über die UEFA Nations League Playoffs vergeben.

WM 2022 Stadien & Spielorte in Katar

Nach der WM 2002 in Japan und Südkorea findet im Jahr 2022 erst zum zweiten Mal in der Fußballgeschichte eine Weltmeisterschaft in Asien statt. Als Spielort und Gastgeber der WM 2022 wurde von der FIFA das Land Katar auserwählt, was zu zahlreicher Kritik führte. Dazu weiter unten mehr.

Bei der Fußball Weltmeisterschaft 2022 in Katar wird in nur acht verschiedenen Stadien gespielt. Vorgabe der FIFA sind bei der Bewerbung eigentlich mindestens zwölf Arenen, jedoch hatte es zu großer Kritik geführt, dass die meisten Stadien erst neu erbaut hätten werden müssen. Deshalb wurde von der FIFA auf acht Schauplätze reduziert. In jedem dieser acht Stadien finden Spiele der K.O.-Runde und auch der WM Gruppen 2022 statt.

Vor der WM-Vergabe an Katar im Jahr 2010 existierten lediglich das Khalifa International Stadium in Doha und das al-Rayyan Stadium in al-Rayyan (auch ay-Rayyan genannt). Die sechs anderen Arenen wurden extra für die Endrunde 2022 errichtet, wobei es immer wieder Kritik an den Arbeitsbedingungen gab und sogar regelmäßig zu Todesfällen kam.

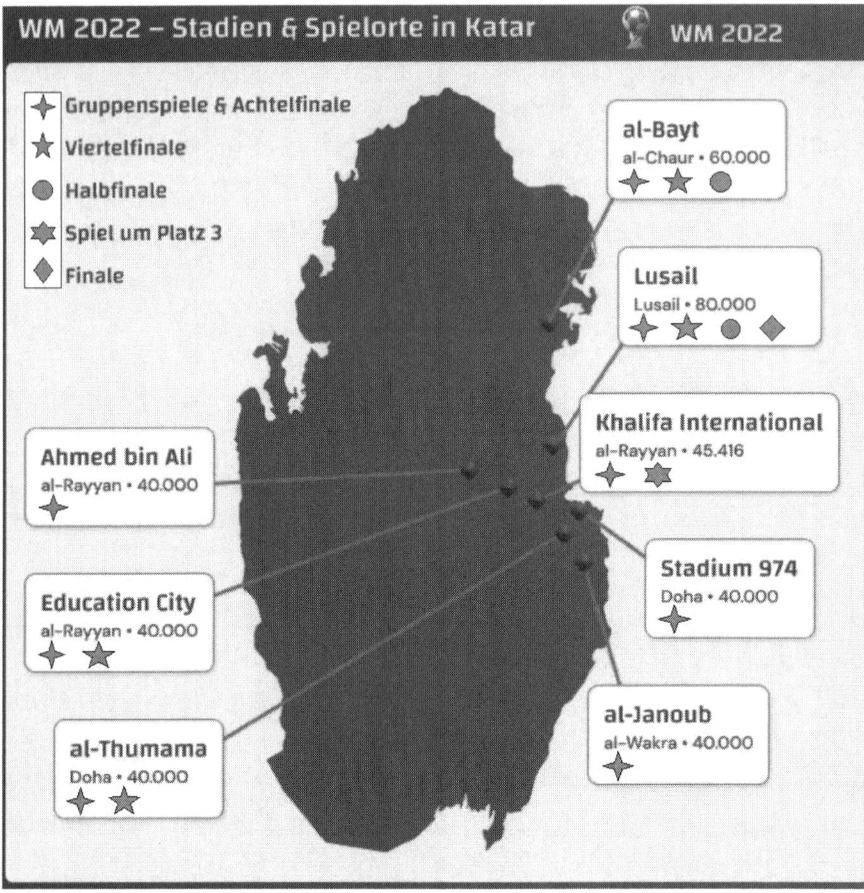

Das größte Stadion der Fußball WM 2022

Das größte Stadion der Fußball Weltmeisterschaft 2022 stellt das Lusail Stadium mit 80.000 Plätzen dar. Die Arena ist nach WM 2022 Spielplan der Austragungsort von sechs Gruppenspielen, einem Achtelfinale, einem Viertelfinale, einem Halbfinale und auch Schauplatz vom großen WM Finale 2022.

Das WM-Auftaktspiel findet aber nicht im Lusail Stadium, sondern im al-Bayt Stadium statt, das mit einer Kapazität von 60.000 Plätzen das zweitgrößte Stadion der WM-Endrunde ist.

In allen anderen WM 2022 Stadien finden rund 40.000 Fans Platz. Das erste Spiel der WM KO-Phase 2022 wird im Khalifa International

Stadium absolviert. Bis auf das Khalifa International Stadium und das Ahmed bin Ali Stadium (beide in ar-Rayyan) wurden übrigens alle sechs Arenen komplett neu errichtet.

Die Spielorte der Endrunde in Katar

WM Spielorte 2022	Einwohnerzahl
al-Rayyan	589.000
Doha	587.055
Lusail City	450.000 (geplant)
al-Wakra	141.000
al-Chaur	90.000

Bei Lusail City handelt es sich um eine Planstadt, die erst komplett neu errichtet wurde. Deshalb sind auch noch keine genaue Angaben zur Einwohnerzahl zu machen, allerdings soll Lusail später einmal bis zu 450.000 Menschen beherbergen. Die kleinste WM-Stadt is al-Chaur mit etwa 90.000 Einwohner (Stand: 2015).

Fußballfans und auch die WM-Mannschaften dürfen sich im kleinen Katar aber immerhin auf kurze Anfahrtszeiten freuen.

Wer ist das offizielle Maskottchen der WM 2022 in Katar?

Das offizielle Maskottchen für die Fußball-WM in Katar heißt "La'eeb", was soviel bedeutet wie "supertalentierter Spieler". Es ist eine schwungfolle Fantasiefigur in weißer Nationaltracht und mit Fußball in der Hand.

Welcher Spielball wird verwendet?

Der offizielle Fußball für die Fußball-WM 2022 in Katar ist der "Al Rihla WM-Fußball 2022" von der Firma Adidas. "Rihla" ist arabisch und bedeutet Reise oder Reisebericht.

Alle WM-Bälle werden seit 1970 vom deutschen Sportartikel-Hersteller Adidas angefertigt.

Der Ball ist hauptsächlich in Weiß gehalten und in mehrere Dreiecks-ähnliche Formen unterteilt. Die Spitzen dieser Dreiecke sind blau eingefärbt, während an den beiden langen Seiten orange-rote Farbe zu finden ist. Natürlich darf das Logo der Fußball-WM in Katar und auch jenes vom Hersteller Adidas am WM-Ball Al-Rihla nicht fehlen. Da die Endrunde im Winter stattfindet, gibt es zudem auch einen passenden "Winter-Ball" in Orange zu kaufen.

Al-Rihla bedeutet auf Deutsch übrigens "Reise" und erinnert damit an die Reise um die Welt, die man bei einer Weltmeisterschaft mit den verschiedensten Nation erlebt. Angaben des Herstellers Adidas zufolge ist „Al-Rihla" der schnellste Ball in der WM-Geschichte. 1 % des Nettoumsatzes geht übrigens an Common Goal, eine Initiative, die weltweit soziale Projekte mit Bezug zum Fußball unterstützt.

Wieviele Spiele gibt es während der WM 2022?

Da sich am Austragungsmodus der Weltmeisterschaft nichts geändert hat, wird es auch 2022 insgesamt 64 Spiele geben. 48 Spiele davon entfallen alleine auf die Gruppenphase der Endrunde. Weitere 16 Spiele bestimmten ab 3. Dezember in weiterer Folge den neuen Weltmeister.

Wer eröffnet die WM 2022?

Das Eröffnungsspiel der WM wird zwischen dem Gastgeberland Katar und Ecuador ausgetragen und findet am 21. November um 17.00 Uhr MEZ statt.

Wo findet die nächste Weltmeisterschaft statt?

Die 23. Fußball-Weltmeisterschaft wird im Juni und Juli 2026 in Kanada, Mexiko und den USA stattfinden. Sie setzten sich gegen Marokko durch, das sich ebenfalls um die Austragung beworben hatte.

WM Songs – Offizielles Lied zur Fußball WM 2022

Wie mittlerweile bei jedem Sport-Großereignis darf der passende Soundtrack auch bei der Fußball-Weltmeisterschaft 2022 in Katar nicht fehlen. Alle vier Jahre präsentiert der WeltFußballverband FIFA ein offizielles WM-Lied und für die Endrunde in Katar gibt es sogar einen eigenen Soundtrack mit mehreren offiziellen Songs.

Erstmals in der Fußball-WM-Geschichte gibt es also mehr als nur einen offiziellen WM-Song. Der FIFA WM-Soundtrack wird im Vorfeld des Turniers nach und nach vorgestellt. Bei der WM 2022 Gruppenauslosung am 1. April 2022 fiel der Startschuss mit dem ersten offiziellen WM-Lied „Hayya Hayya", das live auf der Bühne präsentiert wurde.

WM Song 2022: „Hayya Hayya (Better Together)" von Aisha, Trinidad Cardona und Davido

Das erste offizielle Lied der WM 2022 heißt „Hayya Hayya (Better Together)" und kommt von der katarischen Sängerin Aisha, Afrobeat-Musiker Davido und dem US-Künstler Trinidad Cardona. Der WM Song bringt die Stimmen von den verschiedenen Kontinenten zusammen und soll Musik, Fußball und die Welt vereinen. Es ist davon auszugehen, dass das Lied entweder beim WM 2022 Eröffnungsspiel oder beim großen WM-Finale live im Stadion präsentiert wird.

Warum wird die WM-Vergabe an Katar so stark kritisiert?

Wenn es um die Vergabe der Weltmeisterschaft 2022 an Katar geht, gibt es zahlreiche Kritikpunkte:

Korruptionsverdacht

Das Emirat an der Ostküste der arabischen Halbinsel sowie der WeltFußballverband FIFA werden immer wieder mit starken Korruptionsvorwürfen konfrontiert. Das Abstimmungsverhalten der Mitglieder des FIFA-Exekutivausschusses ist wenig transparent und die Bestechungsvorwürfe im Hinblick um die WM-Vergabe werden immer lauter. Beispielsweise boten die Vertreter von Nigeria und Tahiti ihre Stimmen zum Kauf an und wurde dabei mit versteckter Kamera gefilmt.

Nicht nur Katar, sondern auch Russland als Gastgeber der letzten WM 2018, sollen die Endrunde gekauft haben. Beide Länder sowie die FIFA bestreiten jedoch jegliche Vorwürfe.

Missachtung und Ausbeutung der Menschenrechte

Ein weiterer Kritikpunkt sind die in Katar herrschenden Menschenrechte. Zahlreiche Gastarbeiter sind aufgrund brutaler Arbeitsbedingungen auf den Baustellen der WM-Stadien ums Leben gekommen. Zudem wird Katar eine systematische Ausbeutung der Gastarbeiter vorgeworfen, die oft lange Zeit auf die Auszahlung ihres Gehalts warten müssten und ohnehin zum Niedrigstlohn arbeiten würden.

Zudem werden homosexuelle Handlungen in Katar mit Strafen belegt, es drohen sogar bis zu fünf Jahre Haft. Das Recht auf freie Meinungsäußerung ist in Katar beschränkt und auch Frauen werden im Alltag oft benachteiligt.

Klimabedingungen

Auch die hohen Temperaturen, die im Wüstenstaat Katar herrschen, waren und sind immer wieder ein Kritikpunkt. Zumindest dieser Punkt hat die FIFA bereits zu einem Umdenken bewegt. Denn die eigentlich für Sommer geplante Endrunde findet aufgrund der großen Hitze in Katar nun erst von 20. November bis 18. Dezember und somit quasi erst im Winter statt.

Doch auch dann herrschen in Katar um die 30 Grad und trotz der Verlegung auf den Winter wurden alle WM 2022 Stadien mit entsprechenden Klimatechnologien ausgestattet, was wiederum schädlich für die Umwelt ist.

Fehlende Fußballtradition

Als weiterer Kritikpunkt ist die fehlende Fußballtradition in Katar zu nennen. Der Wüstenstaat hat bisher noch kein einziges Mal an einer Fußball Weltmeisterschaft teilgenommen und auch in der FIFA-Weltrangliste war Katar zum Zeitpunkt der WM-Vergabe im Jahr 2010 lediglich an der 113. Stelle zu finden.

Im Jahr 2019 konnte die Nationalmannschaft von Katar etwas überraschend die Asienmeisterschaft 2019 für sich entscheiden. Der Fußball in Katar dürfte sich im Aufwind befinden, allerdings gilt das Land bei den WM 2022 Wetten logischerweise immer noch als haushoher Außenseiter.

Alle 32 Stars der WM 2022 in Katar

Die Weltmeisterschaft 2022 ist nicht nur ein Event, wo eine Vielzahl großer Teams aufeinandertrifft, sondern zugleich auch ein Schaulaufen der Stars. Wie immer stellen wir dir diese hier näher vor.

Dabei wählen wir auch pro WM-Mannschaft 2022 einen Spieler aus, den wir besonders hervorheben möchten.

WM-Stars 2022 auf einen Blick

L. Messi
AR Argentinien

Neymar Jr.
BR Brasilien

K. de Bruyne
BE Belgien

S. Kjaer
DK Dänemark

L. Modric
HR Kroatien

T. Müller
DE Deutschland

H. Kane
England

G. Xhaka
CH Schweiz

S. Azmoun
IR Iran

H.-M. Son
KR Südkorea

D. Vlahovic
RS Serbien

E. Valencia
EC Ecuador

T. Minamino
JP Japan

A. Davies
CA Kanada

C. Ronaldo
PT Portugal

R. Lewandowski
PL Polen

E. Skhiri
TN Tunesien

S. Mane
SN Senegal

E. Choupo-Moting
CM Kamerun

C. Pulisic
US USA

M. Leckie
AU Australien

G. Bale
Wales

A. Afif
QA Katar

K. Benzema
FR Frankreich

F. Valverde
UY Uruguay

F. Al-Muwallad
SA Saudi-Arabien

S. Ramos
ES Spanien

V. van Dijk
NL Niederlande

T. Partey
GH Ghana

A. Hakimi
MA Marokko

H. Lozano
MX Mexiko

K. Navas
CR Costa Rica

Die großen Teams haben mehr als einen potenziellen WM-Star in ihren Reihen

Es klang in der Einleitung schon etwas an: Wir wählen zwar nur einen Star aus, aber insbesondere die großen Mannschaften haben mehr als nur einen Akteur in den eigenen Reihen, der diesem Anspruch genügt.

Wenn du an Frankreich, Argentinien oder Deutschlands WM-Kader denkst, fallen dir sicher auf Anhieb mehrere große Spieler ein. Wir nutzen diese Zusammenfassung deshalb auch gerade dazu, die anderen Namen ebenfalls zu nennen, gegen die wir uns entschieden haben, obwohl sie ebenfalls große Spieler sind.

Frankreich als Tummelplatz der Superstars

Frankreich ist beste Beispiel dafür, wie viele Superstars eigentlich in einem einzelnen Team aktiv sein können. Denke an Kylian Mbappé, Paul Pogba, Karim Benzema, Antoine Griezmann oder Ousmane Dembele. Hier fällt es richtig schwer, sich für einen einzelnen Spieler zu entscheiden. Letztlich lief es bei uns auf ein Duell zwischen Mbappé und Benzema hinaus.

Die anderen Akteure hatten zuletzt auf Vereinsebene zu große Probleme. Entschieden haben wir uns schließlich für den erfahreneren Angreifer der beiden: Die WM 2022 dürfte Benzemas letztes großes Hurra werden. Nach der EM 2021 dürfte er zudem im Kopf freier sein als sein Sturmpartner – insbesondere, falls es zum Elfmeterschießen kommt. Der Angreifer von Real Madrid ist deshalb unser französischer WM-Star.

Argentinien mit zahlreichen Stars

Argentinien war lange gleichbedeutend mit Lionel Messi. Akteure wie Lautaro Martinez, der für Inter Mailand Tore am Fließband schießt, oder Paulo Dybala seien beispielhaft genannt. Die Copa America 2021 bewies aber eindrucksvoll, wie wichtig Messi trotzdem weiterhin für die Albiceleste ist. Der Superstar von Paris Saint-Germain ist deshalb auch bei der WM 2022 unsere Wahl, selbst wenn das Team als Ganzes zu den Favoriten der Weltmeisterschaft in Katar zählt.

Top-Spieler in Jung und Alt bei Deutschland

In Deutschland drängen einige Spieler an die Spitze. Beispielhaft seien Kai Havertz und Leroy Sané genannt. Ersterer hat den FC Chelsea zum Champions League-Sieg geschossen. Der zweite ist beim FC Bayern unter Julian Nagelsmann wieder aufgeblüht.

Unsere Wahl fällt aber mit Thomas Müller auf einen anderen Mann. Für den Bayern-Star könnte es das letzte große Turnier sein. Und der Offensiv-Spieler ist stets für Aktionen gut, die niemand erwartet. Er ist deshalb Deutschlands WM-Star.

Wer sind die besten Spieler von Brasilien?

Neymar ist seit zehn Jahren der Dreh- und Angelpunkt Brasiliens. Nur Vinicius Junior hat mittlerweile ein ähnliches Niveau erreicht. Unter Druck funktionierte der Linksaußen bislang allerdings nur selten. Dies haben diverse Partien für Real Madrid bewiesen. Und Druck wird bei der WM mehr als genug vorhanden sein.

Neymar kennt diese Situation und ist deshalb am besten dafür geeignet, mit ihr angemessen umzugehen. Der Angreifer von Paris Saint-Germain ist deshalb auch für die WM in Katar unser brasilianischer WM-Star. In den WM 2022 Quoten ist er mit Brasilien ganz vorne mit dabei.

Englands Spieler, die herausstechen

England ist inzwischen fast ein ähnlicher Tummelplatz für Superstars wie Frankreich. Raheem Sterling, Declan Rice, Mason Mount, Jack Grealish und Harry Kane seien beispielhaft genannt. Die Auswahl fällt entsprechend schwer.

Wir haben uns für Kane entschieden, da dieser bei EM 2021 gezeigt, wie abhängig das Team von seinen Treffern ist. Bei den Tottenham Hotspurs zeigte er anschließend starke Leistungen am Fließband. Der

Torschützenkönig der WM 2018 ist einer der heißen Kandidaten, sich auch in Katar diesen Titel zu sichern.

Mega-Talent und Routiniers bei Spanien

Spanien hat in Gestalt von Pedri bereits einen neuen Superstar. Das Mega-Talent vom FC Barcelona hat schon mehrfach bewiesen, dass er Weltklasse-Niveau hat. Doch reicht es schon, um das Team Spaniens bei einer WM zu tragen?

Wir glauben dies nicht. Stattdessen denken wir, dass es hierfür Erfahrung braucht. Wir sehen deshalb Sergio Ramos als den spanischen WM-Star. Der Innenverteidiger von Paris Saint-Germain könnte der Abwehr die nötige Sicherheit geben.

Viel Qualität bei Belgiens Stars

Belgien hat ebenfalls eine Vielzahl potenzieller Stars. Romelu Lukaku, Eden Hazard oder Kevin de Bruyne seien beispielhaft genannt. Die beiden Erstgenannten haben sich für die WM viel vorgenommen, nachdem sie auf Vereinsebene zuletzt nicht wie gehofft überzeugt hatten. Wir haben uns aber dennoch für de Bruyne (Manchester City) entschieden, denn kein Spieler Belgiens vereint mehr Qualitäten in sich als er.

Weitere WM-Stars in kleineren Teams

Für Serbien glauben wir daran, dass Dusan Vlahovic (Juventus Turin) die entscheidende Rolle spielen wird. Für Dänemark sehen wir Abwehrchef Simon Kjaer (AC Mailand) als den wichtigsten Mann an, der auch beim Herzstillstand von Christian Eriksen eine entscheidende Rolle spielte. Bei Kroatien haben wir uns auch noch einmal für den Mannschaftsführer in Gestalt von Luka Modric (Real Madrid) entschieden, obwohl er inzwischen namhafte Konkurrenz hat.

Seine Erfahrung wird fraglos gebraucht. Und für die Schweiz vertrauen wir auf Granit Xhaka (FC Arsenal). Dieser hat zwar auf Vereinsebene eine schwere Zeit durchgemacht, aber bringt dennoch das größte Potenzial mit, um die Nati zu ziehen.

Top-Favoriten der WM 2022 in Katar & Geheimtipps – Wer wird Weltmeister?

Katar ist vom 20. November bis 18. Dezember 2022 erstmalig Austragungsort einer Fußball-Weltmeisterschaft. Die WM 2022 wird aber nicht nur aus diesem Grund in die Geschichte eingehen.

Die WM-Endrunde wird – ebenfalls ein Novum – im Winter statt wie üblich in den Sommermonaten ausgetragen. Grund dafür sind die hohen Temperatur im Wüstenstaat auf der arabischen Halbinsel. Zusätzlich zur terminlichen Verlegungen der Weltmeisterschaft gibt es in den Stadien Kühltechnologien und Klimaanlagen, um den hohen Temperaturen Herr zu werden. Außerdem fand die EM 2021 wegen der COVID-19 Pandemie bedingten Verschiebung nur ein Jahr davor statt.

Hier befassen wir uns mit allen WM-Favoriten und Geheimtipps bei der Endrunde in Katar. Welche WM-Teams zählen zu den Top-Favoriten auf den Titel? Wer kann als Außenseiter überraschen? Und am wichtigsten: Wer wird Weltmeister 2022 bei dem Turnier am Persischen Golf? Alles zu Titelverteidiger Frankreich und seinen Nachfolger-Kandidaten.

Frankreich: Titelverteidiger und WM-Favorit Nr. 1?

Als Titelverteidiger geht die französische Nationalmannschaft als einer der Top-Favoriten ins WM-Rennen. Nachdem es bei der EURO 2016 im eigenen Land nur für den zweiten Platz reichte, holte sich die Equipe Tricolore zwei Jahre später bei der WM 2018 in Russland den hochverdienten zweiten Weltmeistertitel.

Der französische WM 2022 Kader hat zahlreiche Superstars aufzubieten und hat einen Marktwert von über einer Milliarde Euro. Größter Star des französischen Nationalteams ist natürlich der pfeilschnelle Angreifer Kylian Mbappé, der bei der WM-Endrunde erst 23 Jahre alt ist, aber schon zahlreiche nationale sowie internationale Titel einheimsen konnte.

Spieler wie Antoine Griezmann, N'Golo Kanté oder Raphael Varane sind noch routinierter und können von ihrer Erfahrung viel an die jungen französischen Teamspieler weitergeben, die allesamt bei europäischen Top-Klubs unter Vertrag stehen. Die Chancen stehen gut, dass Frankreich auch diesmal wieder den Einzug ins WM-Finale schafft.

Bei der Europameisterschaft 2021 enttäuschte der amtierende Weltmeister allerdings und musste bereits nach der Achtelfinal-Niederlage gegen die Schweiz die Heimreise antreten.

Brasilien mit Neymar fast automatisch WM 2022 Favorit

Wenn man über Top-Favoriten einer Fußball Weltmeisterschaft spricht, kommt man am Namen Brasilien natürlich nicht vorbei. Die Selecao ist die einzige Nationalmannschaft der Welt, die sich bis jetzt für jede WM-Endrunde qualifizieren konnte. Mit insgesamt fünf WM-Titel ist Brasilien zudem Rekordsieger.

Bei der Weltmeisterschaft 2022 in Katar ist es allerdings bereits exakt 20 Jahre her, dass die brasilianische Nationalmannschaft zuletzt den WM-Pokal in die Höhe stemmen konnte. Zuletzt war dies nämlich 2002 bei der WM in Japan und Südkorea der Fall, die anderen Titel stammen aus den Jahren 1958, 1962, 1970 und 1994.

Großer Hoffnungsträger des brasilianischen Nationalteams ist natürlich einmal mehr Brasiliens WM-Star 2022 Neymar, dem aber noch ein großer Titel mit dem Nationalteam fehlt. Bisher war die Goldmedaille bei den Olympischen Spielen 2016 sein größter Erfolg im Brasilien-Trikot.

Mit unter anderem Roberto Firmino, Gabriel Jesus, Casemiro, Fabinho oder Marquinhos hat die Selecao aber noch zahlreiche weitere Top-Stars zu bieten. Mit Alisson Becker im Tor hat die brasilianische Nationalmannschaft zudem einen Anwärter auf den besten Torwart der WM 2022 in ihren Reihen.

Holt WM-Favorit England endlich den Titel?

Seit 1966 warten englische Fußballfans sehnsüchtig nach dem nächsten WM-Titel. Unter dem Motto „It's coming home" wurde bereits bei WM 2018 (Platz 4) und bei der EM 2021 unter Teamchef Gareth

Southgate große Euphorie verbreitet, allerdings mussten sich die Three Lions im Finale gegen Italien im Elfmeterschießen geschlagen geben.

Waren die Engländer bei vorherhigen Endrunden zumeist im erweiterten Favoritenkreis zu finden, zählen sie diesmal zu den absoluten Top-Favoriten auf den Sieg. WM 2018 Torschützenkönig und Kapitän Harry Kane soll auch in Katar für die nötigen Tore der englischen Nationalmannschaft sorgen. Er hat die Chance den Goldenen Schuh als erster Spieler ein zweites Mal zu gewinnen und auch bei der WM 2022 in Katar Torschützenkönig zu werden.

Alle Spieler vom England WM 2022 Kader stehen bei europäischen Top-Vereinen unter Vertrag und haben das beste Fußballeralter noch vor sich. Hier sind vor allem Raheem Sterling, Buyako Saka, Declan Rice, Mason Mount oder Jadon Sancho zu nennen. Schafft es England auch diesmal wieder ins WM-Halbfinale 2022 und holt am Ende vielleicht sogar endlich den heiß ersehnten Titel nach Hause?

WM-Favorit Deutschland auf Wiedergutmachung aus

Obwohl die deutsche Nationalmannschaft bei der Weltmeisterschaft 2018 enttäuschte und als damaliger Titelverteidiger bereits nach der Vorrunde die Heimreise antreten musste, zählt das DFB-Team auch bei der Fußball WM 2022 in Katar wieder zum enger Favoritenkreis.

Daran ändert auch das Achtelfinal-Aus bei der EURO 2020 nichts. Die Mannschaft von DFB-Bundestrainer Hansi Flick ist und bleibt weiterhin eine Turniermannschaft und hat sicherlich die Qualität, bei der Endrunde sehr weit zu kommen.

Die heutigen Leistungsträger heißen Kai Havertz, Leroy Sané, Timo Werner, Serge Gnabry, Leon Goretzka und Joshua Kimmich. Auch Jamal Musiala, der auch Kandidat als WM 2022 bester Nachwuchsspieler ist, könnte eine der neuen Stützen des DFB sein. Für Kapitän und Stammtorhüter Manuel Neuer könnte die WM 2022 das letzte Großturnier mit der deutschen Nationalmannschaft sein.

Bei der nächsten Endrunde, der EM 2024 in Deutschland, wäre Neuer bereits 38 Jahre alt. Es ist aber nicht auszuschließen, dass der Weltmeister von 2014 das Turnier im eigenen Land noch als letztes Highlight in seine Fußballkarriere mitnimmt. Sicher ist jedoch, dass den Deutschen ein abermaliges Verpassen des WM- Achtelfinales nicht verziehen wird.

Holt Argentinien nach der Copa America auch den WM-Titel?

Schafft es die argentinische Nationalmannschaft nach 1978 und 1986 bei der WM 2022 zum dritten Mal in der Geschichte den Weltmeistertitel zu erringen? Geht es nach den WM 2022 Wetten, ist Argentinien jedenfalls auch diesmal wieder zum Favoritenkreis zu zählen. Immerhin sicherte sich „La Albiceleste" bei der Copa America 2021 erstmals seit 1993 wieder einen Titel.

Für Superstar Lionel Messi, der bei der Endrunde bereits 35 Jahre alt ist, wird die Endrunde in Katar wohl die letzte Möglichkeit sein, seiner äußerst erfolgreichen Karriere einen WM-Titel beizufügen.

Der Vize-Weltmeister von 2014 setzt natürlich alles auf seinen Top-Star - mit Paulo Dybala, Lautaro Martinez, Angel di Maria oder Rodrigo de Paul kann sich aber vor allem die Offensive im argentinischen Nationalteam äußerst sehen lassen.

WM 2022 Favorit Spanien zurück zu alter Stärke?

Die Wettanbieter und viele Fußballfans sehen auch die spanische Nationalmannschaft als einen Favoriten der Fußball WM 2022. Bei der letzten WM-Endrunde schied die Furia Roja gegen Gastgeber Russland bereits im Achtelfinale im Elfmeterschießen aus, bei der EURO war im Halbfinale gegen den späteren Europameister Italien Schluss. Dennoch muss man mit der Furia Roja aufgrund der hohen Qualität im Spanien WM 2022 Kader rechnen.

Neben erfahrenen Spielern wie Sergio Busquets oder Koke finden sich im spanischen Nationalteam zahlreiche aufstrebende Supestars wieder. Dazu gehören unter anderem die Top-Spieler Pedri, Rodri oder

Ferran Torres, die allesamt auf zahlreiche Einsatzminuten im Spanien-Trikot hoffen dürfen.

Die Glanzzeiten aus den Jahren 2008 bis 2012 scheinen bei Spanien aber vorbei zu sein, es bleibt also abzuwarten, inwiefern die Furia Roja der Favoritenrolle gerecht werden kann.

Belgien bleibt wohl ewiger WM-Geheimfavorit

Schon längere Zeit gehört Belgien bei Fußballendrunden dem erweiterten Favoritenkreis an und bei der Weltmeisterschaft 2018 konnten Hazard & Co. mit dem dritten Platz bereits den größten Erfolg in der Fußballgeschichte feiern. Reicht es im Jahr 2022 nun sogar für ganz oben? Bei der EURO 2020 scheiterte Belgien bekanntermaßen im EM-Viertelfinale an Italien.

Die Hauptstützen Kevin de Bruyne (könnte auch bester Spieler der WM 2022 werden), Eden Hazard und Bruder Thorgan oder Stürmerstar Romelu Lukaku waren allesamt 2021 dabei und werden sicherlich alles dafür tun, bei der WM 2022 die Sensation zu schaffen. Eine Mischung aus vielen erfahrenen und jungen Spielern im Belgien WM-Kader könnte den Unterschied bei dieser Endrunde ausmachen, sofern alle ihre gewohnten Top-Leistungen abliefern.

Die Niederlande als Überraschungsteam?

Wenn man von Geheimtipps und möglichen Überraschungsteams bei der Weltmeisterschaft 2022 in Katar spricht, muss man auch noch die Niederlande erwähnen. Wie Italien schaffte auch „Oranje" es nicht, sich für die WM 2018 zu qualifizieren, danach zeigte die niederländische Nationalmannschaft aber starke Leistungen – alledings mit Ausnahme der EURO 2020, wo man nach einer 2:0 Niederlage gegen Tschechien bereits im Achtelfinale ausschied.

Der Kader rund um Superstars wie Kapitän Virgil van Dijk, Frenkie de Jong, Matthijs de Ligt, Stefan de Vrij, Donyell Malen, Memphis Depay und Georginio Wijnaldum spricht allerdings Bände.

Der Vize-Weltmeister von 2010 wartet sehnsüchtig auf den ersten WM-Titel und mithilfe von starken Leistungen gepaart mit etwas Glück könnte es bei der außergewöhnlichen Winter-WM in Katar für Holland endlich so weit sein. Das WM-Viertelfinale 2022 sollte für die Oranjes auf jeden Fall möglich sein.

Portugal reist als Geheimfavorit nach Katar

Holt Superstar Cristiano Ronaldo zum womöglich bevorstehenden Karriereende in der portugiesischen Nationalmannschaft noch den fehlenden WM-Titel? Für den Europameister von 2016 war bei der EURO 2021 im Achtelfinale gegen Belgien Schluss, dennoch zählt die Mannschaft von Teamchef Fernando Santos bei der Endrunde in Katar zu den Geheimfavoriten auf den Sieg.

Die Frage nach dem „Warum?" kann ganz einfach mit einem Blick auf den portugiesischen Kader beantwortet werden. Denn neben EM 2021 Torschützenkönig CR7 befinden sich noch zahlreiche weitere Top-Spieler im Kader von Portugal. Hier sind unter anderem Bruno Fernandes, Joao Felix, Ruben Dias, Bernardo Silva, Diogo Jota oder Ruben Neves zu nennen.

Auch bei der Weltmeisterschaft in Katar ist daher mit der portugiesischen Nationalmannschaft zu rechnen. Der erste WM-Titel für Portugal in der Fußballgeschichte wäre zwar eine Sensation, erscheint mit ein bisschen Glück aber alles andere als utopisch.

Quellen

https://www.fussballdaten.de/

https://www.vermoegenmagazin.de/

https://de.wikipedia.org/wiki/Wikipedia:Hauptseite

https://www.esquire.de/news/sport

https://www.fifa.com/de/tournaments/mens/worldcup/qatar2022

https://www.ran.de/

https://onlyfunfacts.com/de

https://www.ligaportal.at/international/ligen-mix/50705-die-10-reichsten-fussballvereine-der-welt-im-jahr-2022

https://www.forbes.com/

Printed in Poland
by Amazon Fulfillment
Poland Sp. z o.o., Wrocław

16789922R00096